Das bietet Ihnen die CD-ROM

Software Business Planer

Wenn Sie Besprechungen und Budgets vorbereiten, Ausdrucke für die eigene Kontrolle und Nachverfolgung erstellen und Ihre Unterlagen für Kapitalgeber vorbereiten wollen, hilft Ihnen die Software auf unserer CD-ROM. Der „Business Planer" ist ein einfaches und schnelles Planungsprogramm für Ihre Ergebnisrechnung, Bilanz und Liquidität.

Checklisten und Adressen

Darüber hinaus finden Sie auf Ihrer CD-ROM Checklisten für die Erstellung eines professionellen Business Plans, die Sie direkt in Ihre Textverarbeitung übernehmen und bearbeiten können sowie hilfreiche Adressen von Banken, Institutionen und Verbänden.

Überall, wo Sie das Icon sehen, finden Sie die Texte vollständig im DIN A4-Format auf der CD-ROM – direkt zum Übernehmen in Ihre Textverarbeitung.

Bibliographische Information Der Deutschen Bibliothek

Die Deutsche Bibliothek verzeichnet diese Publikation in der Deutschen Nationalbibliografie; detaillierte bibliografische Daten sind im Internet über http://dnb.ddb.de abrufbar.

ISBN 3-448-06888-8 Bestell-Nr.00196-0003
1. Auflage 2001 (ISBN 3-448-04646-9)
3., aktualisierte Auflage 2005

Redaktionsanschrift: Postfach 13 63, 82142 Planegg
Hausanschrift: Fraunhoferstraße 5, 82152 Planegg
Telefon (089) 8 95 17-0, Telefax (089) 8 95 17-2 50
Internet: http://haufe.de, E-Mail: erste-hilfe@haufe.de
Lektorat: Stephan Kilian, Jasmin Jallad

Idee & Konzeption: Dr. Matthias Nöllke, Textbüro Nöllke München
Umschlaggestaltung: Luxus Medien – Daniel Gunia, 86836 Graben
Lektorat und DTP: Text+Design Jutta Cram, 86391 Stadtbergen, www.textplusdesign.de
Druck: Schätzl Druck, 86609 Donauwörth
Buchbinderei: Kolibri, 86830 Schwabmünchen

Uwe Herzberg

Mein Business Plan

Strategisch planen – Erfolge präsentieren

Inhalt

Vorwort

Mit diesem Buch wende ich mich an alle, die einen Business Plan schreiben wollen oder müssen, dieses Projekt aber vor sich herschieben oder versuchen, es ganz zu umgehen. Die Gründe, die man dafür hört, sind zum Beispiel, dass „die betriebswirtschaftlichen Kenntnisse nicht ausreichen", dass „man so etwas noch nie gemacht hat" oder ganz einfach dass „man gar nicht so recht weiß, was in einen solchen Plan hineingehört".

Hinter der für manche undurchsichtig-anspruchsvollen Bezeichnung „Business Plan" versteckt sich im Grunde genommen etwas ganz Einfaches: die schriftliche Fixierung einer Geschäftsidee oder eines Plans, das Konzept zu ihrer Umsetzung und ihre finanziellen Auswirkungen auf das Unternehmen oder die spezielle Investition.

Wenn Sie also eine Idee oder Pläne haben, die Ihr Unternehmen voranbringen können, sei es zur Gründung einer Firma, der Neuausrichtung Ihres Geschäfts, der Markteinführung eines neuen Produkts oder der Planung des nächsten Geschäftsjahres, wenn Sie Kapital von einem Investor benötigen oder einen neuen Kredit von Ihrer Bank – dieses Buch wird Ihnen helfen.

Es wird Ihnen helfen, Ihre Ideen und Planungen auf Schwachstellen abzuklopfen, es wird Ihnen zeigen, wie eine Idee umgesetzt werden kann und wie diese Umsetzung Ihrem Unternehmen finanzielle Vorteile bringen könnte – oder wo Schwachstellen sind, an denen Sie noch arbeiten müssen.

Es wird Ihnen auch helfen, Ihr Konzept so darzustellen, dass andere davon überzeugt werden und es unterstützen.

Die Methode, mithilfe von Business Plänen Konzepte zu formulieren und umzusetzen, führt effektiver und billiger zum Ziel als die weit verbreitete und vermeintlich schnellere Vorgehensweise nach dem Prinzip von „Versuch und Irrtum": Der reale Versuch, „mal eben so" Ideen auf dem Markt zu realisieren, kostet bei Irrtum eben auch reales Geld. Obwohl diese Erkenntnis sich allmählich durchsetzt, wird leider meist noch immer eher gemacht als gedacht.

Ein Business Plan hilft aber nicht nur bei der Umsetzung einer Idee in die Realität. Er dient auch der Kommunikation nach innen und nach außen, zur Information und Überzeugung von Mitarbeitern und Top Manage-

ment, von Banken und Venture Capital Unternehmen, von Investoren und Analysten, bei Kreditaufnahme, IPO und Kapitalerhöhung oder der Gewährung von Fördermitteln.
In diesem Umfeld wird die Kommunikation mittels professionellen Business Plans mehr und mehr gepflegt und auch gefordert. Zusätzliche Unterstützung kommt dabei vom Gesetzgeber – wesentlich durch das KonTraG (Gesetz zur Kontrolle und Transparenz im Unternehmen) – sodass für die nahe bis mittlere Zukunft von einem kräftigen Wachstum der Anzahl der für die unterschiedlichsten Zwecke erforderlichen Business Pläne ausgegangen werden kann.
Dieses Buch soll Schritt für Schritt die Konzepte vermitteln, die zur Ausarbeitung eines Business Plans notwendig sind. Es erläutert zunächst die wesentlichen Elemente eines Business Plans. Anschließend liegt der Schwerpunkt auf den kritischen Erfolgsfaktoren – der zugrunde liegenden Geschäftsidee, dem Kundennutzen, den zu erarbeitenden Wettbewerbsvorteilen, dem Marketingkonzept, der Unternehmensstrategie. Wobei wir natürlich nicht vergessen, dass alle unsere Ideen und Planungen letztendlich einen Gewinn abwerfen sollen. Hier wird Ihnen genau erklärt, wie Sie einen Business Plan am besten erstellen – von der Ausgangssituation bis hin zur Zusammenfassung des Plans, der Executive Summary. Anhand des Praxis-Beispiels „drahtesel.de“ können Sie die schrittweise Ausarbeitung eines Business Plans mitverfolgen, den Sie im letzten Kapitel dieses Buchs auch als Musterplan nachlesen können.

Der Verfasser.

Was ist ein Business Plan?

Bevor wir an die Ausarbeitung eines Business Plans gehen, sehen wir uns zunächst an, was ein Business Plan genau ist, mit welchem Ziel und für wen wir ihn schreiben und was er für unser Unternehmen leisten kann.

Wesentliche Elemente eines Business Plans

„To do business" heißt Geschäfte machen.

Definition

In der trockenen Definition ist ein Business Plan das schriftliche Konzept für alle geschäftlichen Aspekte eines Projekts oder Unternehmens für den Planungszeitraum.

Anwendungsbereiche

Sie können einen Business Plan sowohl für das gesamte Unternehmen als auch für einen Teilbereich verfassen, zum Beispiel für eine Filiale, eine Produktgruppe oder ein einzelnes Produkt. Er wird für die Gründung, Reorganisation, Neuausrichtung oder Jahresplanung von Unternehmen geschrieben, für die Markteinführung von Produkten oder die Eröffnung neuer Filialen.

Jedem Business Plan liegt eine Idee zugrunde, für ein neues oder neuartiges Produkt, ein neues Geschäftsmodell, ein neues Unternehmen, oder ganz einfach ein neues Ziel, etwa den Marktanteil eines Produkts oder den Umsatz des Unternehmens im nächsten Geschäftsjahr zu erhöhen.

Story und Finanzplan

Im Business Plan wird außer der Idee bzw. dem Ziel deren Umsetzung in die Realität und die dazu erforderlichen Abläufe beschrieben: Das ist dann die „Story". Vervollständigt wird der Business Plan durch einen Finanzplan, der die finanziellen Auswirkungen und Notwendigkeiten beschreibt.

Für die Erstellung des Business Plans müssen Sie sich als Autor die notwendigen Zahlen, Fakten und Informationen im Unternehmen oder außerhalb beschaffen. Nach Fertigstellung wird der Plan den relevanten Entscheidungsträgern des Unternehmens vorgestellt, besprochen, gegebenenfalls geändert und verabschiedet.

Aktionsrichtlinie

Nach Verabschiedung sollten Sie den Business Plan allen Mitarbeitern des Unternehmens zugänglich machen, die zu seiner Umsetzung beitragen sollen. Er ist dann offizieller, verbindlicher Leitfaden für die Vorgehensweise aller Abteilungen des Unternehmens.

Er ist damit auch Grundlage für die detaillierte, betriebswirtschaftliche Planung des Unternehmens oder des betroffenen Unternehmensbereichs. Diese Planung ist ihrerseits unabdingbare Voraussetzung für jegliche Art von Controlling.

Basis für Kapitalbeschaffung

Das im Business Plan dargestellte Geschäftskonzept liefert auch die Basis für Ihre Gespräche mit Banken, Investoren, Analysten, Schlüsselkunden etc. Der Business Plan hat damit eine zentrale Funktion im Unternehmen: Ausrichtung von Mitarbeitern und Geschäftspartnern auf ein Ziel, Vorgabe des Weges, Erfolgskontrolle der Teiletappen. In dieser Funktion und Wirkung gibt es keine Alternative zum Business Plan.

Zentrales Anliegen ist das Konzept

Da der Business Plan das Konzept für die Realisierung einer Idee ist, liegt der Schwerpunkt naturgemäß weniger in akribischen Zahlen als in der Würdigung der kritischen Erfolgsfaktoren. Dies sind, je nach Thema des Plans, Kundennutzen, Wettbewerbsvorteile, strategischer Fokus, Management Team etc.

Trotzdem wollen wir natürlich wissen, ob man aus der Idee Geld machen kann, und in welcher Größenordnung. Deshalb benötigen Sie neben dem konzeptionellen, qualitativen Teil, der Story, auch einen quantitativen Teil im Business Plan – den Finanzplan.

Zahlen sind wichtig

Der quantitative Teil soll die finanziellen Dimensionen des Konzepts darstellen. Eine Genauigkeit bis zur dritten Stelle nach dem Komma wird dabei nicht benötigt; dies wäre auch unglaubwürdig, da zum Zeitpunkt der ersten Planung noch zahlreiche Unwägbarkeiten vorhanden sind, die mit dem Näherkommen des Markteintritts nach und nach verschwinden – oder manchmal auch erst danach.

Woraus besteht der Business Plan?

- Marketingkonzept mit Produkten/Dienstleistungen, direkten Kosten, Absatzmengen, Verkaufspreisen und Marketing-Budget,
- Beschreibung der Organisation und des Geschäftssystems,

- Budgets/indirekte Kosten,
- Investitionen und Kapitalbedarf,
- Finanzplan mit projektiver GuV, Liquidität und Bilanz.

Inhalte des Plans der Situation anpassen

Je nach Thema des Plans müssen Sie Inhalt und Schwerpunkte der Einzelelemente an die zu beschreibende Situation anpassen: Für die Bewertung zum Beispiel der Einführung eines weiteren neuen Produkts in einem Markenartikel-Unternehmen ist die projektive Konzernbilanz meist irrelevant. Ebensowenig müssen Sie in diesem Fall auf eine bestehende Verkaufsorganisation eingehen, die dieses Produkt auf die gleiche Art verkaufen wird wie alle anderen, oder auf die Qualifikation des Management Teams. Im Gegensatz dazu würden alle diese Punkte im Fall einer Neugründung von erheblicher Bedeutung sein.

Warum und für wen sollte ich einen Business Plan schreiben?

Konzept durchdenken

Die Formulierung eines Business Plans zwingt Sie dazu, ein Konzept vollständig zu durchdenken, fokussiert den Blick und zeigt gegebenenfalls die Notwendigkeit frühzeitiger Entscheidungen.

Offensichtliche Wissenslücken, zum Beispiel über den Markt, Wettbewerber oder Konkurrenzprodukte können Sie dann noch vor der Umsetzungsphase des Plans schließen, das zusätzliche Wissen in das Konzept einarbeiten und es so optimieren. Möglicherweise finden Sie sogar konzeptionelle Schieflagen grundsätzlicher Natur – ein erkennbarer Flop in der Konzeptphase hat geringere Konsequenzen als eine echte Bauchlandung.

Überblick gewinnen

Die für den Finanzteil des Plans erforderliche Quantifizierung des Konzepts gibt Ihnen einen Überblick über notwendige Investitionen, über die Entwicklung von Cash Flow und Profitabilität des Projekts und damit den Kapitalbedarf. So können Sie rechtzeitig für eine ausreichende Ausstattung mit Kapital sorgen oder alternativ das Projekt an die finanziellen Gegebenheiten anpassen. Je eher dies geschieht, desto besser – und billiger.

Auch bei der Kapitalbeschaffung hilft der Business Plan. Eine griffige Story, untermauert mit glaubwürdigen Zahlen, wird eine Bank oder einen Investor eher überzeugen, als wenn die Fakten scheibchenweise und lückenhaft nach und nach auf den Tisch kommen. Das gilt natürlich auch gegenüber der Unternehmensleitung, die das Projekt absegnen und Geld dafür bereitstellen soll.

Motivation und Identifikation der Mitarbeiter

Der verabschiedete Plan sollte dann nicht geheim gehalten, sondern allen Beteiligten vorgestellt und zugänglich gemacht werden. Das Wissen um die angestrebten Ziele und die einzuschlagende Richtung verhindert nicht nur weitgehend potenzielles Fehlverhalten durch Unkenntnis, sondern motiviert zusätzlich und erhöht die persönliche Identifikation mit dem Projekt: Jeder weiß, warum und wofür er etwas tut oder tun muss.

Basis für Controlling

Darüber hinaus kann der Erfolg des Plans für jeden Schritt und jede Phase nachvollzogen werden, und bei Abweichungen der Realität des Markts vom Plan können Sie letzteren korrigieren: Der Business Plan ist damit Ausgangspunkt und Basis für jedes Controlling System.

„To be in control" heißt, etwas unter Kontrolle zu halten, im Griff zu haben – im Gegensatz zu „out of control", wenn die Dinge im negativen Sinne ihren Lauf nehmen, ohne eigene Einflussnahme. „Controlling" soll Ihnen dabei helfen, die geschäftliche Entwicklung Ihres Unternehmens im Griff zu behalten und zu steuern.

Was hat ein Business Plan mit Controlling zu tun?

Kein Plan wird 1:1 umgesetzt

Bei der Planung des Geschäfts im Business Plan geht man von eigenen Intuitionen, erwarteten Ereignissen und von in die Zukunft projizierten Trends der Vergangenheit aus. Da wir weder die Zukunft vorhersagen können noch die Reaktionen von Marktteilnehmern, weicht die Realität von jeder Planung in unterschiedlichem Ausmaß ab. Die Abweichung nimmt im Allgemeinen mit fortschreitender zeitlicher Entfernung vom Planungszeitpunkt zu.

Controlling: Schutz vor Überraschungen

Wird die Abweichung zu groß und man erkennt sie nicht, bzw. erkennt sie und unternimmt nichts dagegen – vielleicht weil man die Konsequenzen unterschätzt – kann es böse Überraschungen geben, wie in dem Sprichwort: „Das Unternehmen ist pleite, ohne es zu merken".

Gegen solche Überraschungen, aber auch bei dem einfachen Bemühen, das eigene Geschäft unter Kontrolle zu behalten, helfen Ihnen Controlling Systeme. Jede Art von Controlling besteht aus den vier Stufen Planung, Soll-Ist-Vergleich, Abweichungs-Analyse und Kurskorrektur.

Vier Stufen des Controlling

Die hier gemeinte Planung ist die detaillierte betriebswirtschaftliche Planung des Unternehmens bzw. des Bereichs, für den ein Controlling aufgebaut wird. Diese Planung basiert auf den Konzepten Ihres Business Plans. Wesentliche Abweichungen werden dann auf ihre Ursachen untersucht. Diese machen unter Umständen eine Korrektur der Planung erforderlich, um den neu erkannten Gegebenheiten Rechnung zu tragen und weiteren Überraschungen möglichst zu entgehen. In tiefgreifenden Fällen können sogar konzeptionelle Änderungen notwendig werden, d. h. ein Umschreiben des Business Plans.

Verbindung von Business Plan und Controlling

Hier sehen wir die Verknüpfung von Business Plan und Controlling: Jedes sinnvolle Controlling benötigt als Ausgangspunkt einen Business Plan, und jeder Business Plan benötigt ein Controlling, um das Konzept zum Markterfolg zu führen. Ein Controlling System kann in jedem Unternehmen in unterschiedlicher Breite und Tiefe aufgebaut werden. Der Business Plan ist der Schlüssel dazu.

Wann sollte ein Business Plan geschrieben werden?

Wir haben gesehen, dass das Arbeiten mit Business Plänen eine Reihe von Vorteilen bietet: In der Kommunikation des Unternehmens nach innen und außen, bei der Kapitalbeschaffung, der Motivation von Mitarbeitern, beim Aufbau und Unterhalt eines Controlling Systems – ich will sie nicht alle wiederholen.

Business Plan ständig aktualisieren

Diese Vorteile alleine sollten Ihnen eigentlich schon genügen, sich die Mühe zu machen, einen ständig aktualisierten Business Plan mindestens für das Gesamtunternehmen zu unterhalten, in größeren Unternehmen auch für die Teilbereiche. Die regelmäßige Aktualisierung zwingt Sie automatisch dazu, über Verbesserungen des Ist-Zustands nachzudenken, auch wenn gerade alles gut läuft – was ein weiterer Vorteil ist. Außerdem liegen Ihnen dann aktuelle Konzepte und Planzahlen stets griffbereit vor und Sie müssen sie nicht erst bei plötzlich auftretendem Bedarf dringendst und unter Zeitdruck erstellen. Ein solcher Business Plan ist leider bei vielen Unternehmen nicht vorhanden.

Wie schafft man den Einstieg in die Business Plan-Kultur, ohne das Unternehmen für mehrere Monate zu schließen und nur Business Pläne zu schreiben? Welches sind die wichtigsten Einzelanlässe für einen Business Plan, die Sie als Einstiegspunkt nutzen können?

Im Mittelpunkt stehen meist Fragen der Finanzierung ...

Finanzierung

zum Beispiel, um

- die Genehmigung des Managements für eine Neuprodukt-Einführung zu erhalten,
- einen Investor für eine Kapitalerhöhung zu gewinnen,
- die Hausbank von der Notwendigkeit eines weiteren Kredits zu überzeugen,
- Mittel einer öffentlichen Förderstelle zu erhalten,

... oder Fragen der Reorganisation ...

Neue Organisation

wie zum Beispiel

- wesentliche Änderung interner Abläufe und Strukturen,
- Neuausrichtung des Gesamtunternehmens,

... oder eine Kombination aus beidem ...

Sanierung, Neugründung

zum Beispiel für Sanierungsfälle oder Diversifikations-Konzepte. Ganz besonders wichtig ist der Business Plan bei einer Unternehmensgründung.
Hat man bei einigen dieser Gelegenheiten die Vorzüge der Arbeit mit professionellen Business Plänen im eigenen Unternehmen erfahren, kann man darauf aufbauend die Business Plan-Methode schrittweise auf weitere Teilbereiche und schließlich das ganze Unternehmen ausweiten.

Gesetzliche Anforderungen

KonTraG

Wesentlich für den Unternehmensbereich sind die Insolvenzordnung (InsO) vom 01.01.99 und das Gesetz zur Kontrolle und Transparenz im Unternehmensbereich (KonTraG) vom 01.05.98.

Mit dem KonTraG will der Gesetzgeber die wachsende Zahl von Insolvenzen eindämmen. Häufige Ursachen für diese Insolvenzen sind letztlich eine zu niedrige Eigenkapitaldecke, zu geringe Margen und die zunehmende Zahl von Forderungsausfällen. Ein großer Teil der Unternehmen hätte aber gerettet werden können, wenn die Konsequenzen aus den Mängeln rechtzeitig erkannt und Gegenmaßnahmen eingeleitet worden wären – die eigentliche Ursache war also mangelndes Controlling bzw. die Unterlassung der Geschäftsleitung, ein solches Instrument rechtzeitig aufzubauen und zu nutzen. Das KonTraG soll die Geschäftsleitungen dazu bringen, ein solches Risiko-Management in ihren Unternehmen einzuführen.

Neue InsO

Die jetzt gültige Insolvenzordnung hat gegenüber dem vorhergehenden Konkursrecht die Sanierung des in Schwierigkeiten geratenen Unternehmens zum Ziel und nicht dessen Zerschlagung mit nachfolgender bestmöglicher Entschädigung der Gläubiger.

Beide Gesetze ergänzen einander in der Zielsetzung und machen in den Unternehmen eine für viele neuartige Dokumentation erforderlich, im Prinzip nach der Business Plan-Methode, sowie den Aufbau eines Controlling Systems.

Drohende Zahlungsunfähigkeit

- Mit der „drohenden Zahlungsunfähigkeit“ schafft die InsO einen neuen Insolvenzgrund neben Überschuldung und Illiquidität. Mit diesem neuen Grund ist nur der Schuldner antragsberechtigt. Damit soll ein gewisser Schutz vor einer zu schnellen Aktivität der Gläubiger geschaffen und dem Unternehmen die Möglichkeit gegeben werden, möglichst frühzeitig einen Sanierungsplan zu erarbeiten. Die drohende Zahlungsunfähigkeit ist allerdings nur dann festzustellen, wenn ein Finanzplan vorliegt.

Verschärfte Bedingungen bei Kreditvergabe

- Zur weiteren Unterstützung der Zielsetzung schränkt die InsO die Gläubigerrechte im Insolvenzfall ein, zum Beispiel darf der Gläubiger nicht mehr vorab Sicherheiten aus dem Unternehmensvermögen herauslösen. Dies wirkt sich auf Vergabe und Verlängerung von Krediten aus.
  So hat das Bundesaufsichtsamt für Kreditwesen am 07.07.98 alle Kredit-

institute angewiesen, bei Vergabe von Krediten ab 500.000 DM (jetzt 250.000 Euro) außer den testierten Jahresabschlüssen zusätzliche zeitnahe Unterlagen über Liquidität, Substanz und Unternehmenserfolg anzufordern, das heißt einen Finanzplan.

Risiko-Management einrichten

- Das KonTraG fordert für Aktiengesellschaften, dass der Vorstand geeignete Maßnahmen zu treffen hat, „ … damit den Fortbestand der Gesellschaft gefährdende Entwicklungen früh erkannt werden“ (§91 AktG), mit anderen Worten, ein Controlling System einzuführen.
  Ausdrücklich vorgeschrieben ist dies für Aktiengesellschaften. Der Gesetzgeber geht allerdings davon aus, dass die „Neuregelung Ausstrahlungswirkung auf den Pflichtenrahmen der Geschäftsführer auch anderer Gesellschaftsformen hat“, also z. B. auch GmbHs entsprechend ihrer Größe ein adäquates Risiko-Management einrichten.

Zusammenfassend wird in der aktuellen gesetzlichen Situation von jedem Unternehmen die Einrichtung eines adäquaten Risiko-Managements erwartet, für viele ist es sogar zwingend vorgeschrieben.
Zentraler Teil des Risiko-Managements sind sowohl bei den gesetzlichen als auch den Anforderungen der Banken Finanzplanung und Controlling.
Die Finanzplanung umfasst den Liquiditätsplan sowie projektive GuV und die Bilanz und sollte mit einer griffigen Story unterlegt sein. Zur Wahrung der Zeitnähe muss die Planung ständig aktualisiert werden.
Dies heißt aber nichts anderes als ein Vorgehen nach der Business Plan-Methode mit darauf aufbauendem Controlling System.

Was muss im Business Plan stehen?

Oberstes Gebot: logisch, verständlich, knapp

Nachdem wir nun gesehen haben, welchen wichtigen Beitrag die Business Plan-Methode für den Erfolg eines Unternehmens haben kann, wollen wir der Frage nachgehen, was die Inhalte eines Business Plans sein müssen, und in welcher Reihenfolge sie dargestellt werden.
Oberste Regel dabei ist, und zwar vor jedem formalistischen Schema, dass das Konzept in sich logisch, konsequent und verständlich beschrieben wird: kurz, knapp und präzise. Alle wesentlichen Aspekte müssen dargestellt und alle überflüssigen weggelassen werden.

Die einfachste Methode, um die Liste der notwendigen Inhalte zu besprechen, ist, sich an einer Gliederung zu orientieren.
Die folgende Mustergliederung sollte den meisten Ihrer Anforderungen gerecht werden, gegebenenfalls mit einigen themen- oder unternehmensrelevanten Änderungen.
Auch in der Literatur finden wir in Reihenfolge und Kapitelaufteilung unterschiedliche Gliederungen. Über die notwendigen Inhalte herrscht allerdings Übereinstimmung.

1. Executive Summary (Zusammenfassung)

Sie ist eine kurze, zusammenfassende Darstellung aller wesentlichen Aussagen des Plans. Die Executive Summary ist erster Punkt der Gliederung, aber letzter und schwierigster in der Formulierung, weil hier die bereits knappe Darstellung des Business Plans noch einmal verdichtet werden muss. Eine gut geschriebene Executive Summary ist äußerst wichtig für den Erfolg Ihres Business Plans, da die Adressaten des Plans häufig dazu neigen, zunächst nur diese Zusammenfassung zu lesen, danach den Plan beurteilen, und erst dann – vielleicht – sich dem Rest zuwenden.
Die Länge der Executive Summary sollte eine, max. zwei Seiten betragen.

Zusammenfassung auf ein bis zwei Seiten

2. Ausgangssituation

Hier sollten Sie eine kurze Beschreibung des aktuellen Unternehmensumfeldes und der relevanten Hintergründe geben. Sie soll den Ausgangspunkt der Story erklären und in die Situation einführen. Dieses Kapitel kann bei Neugründungen meist entfallen, man fängt dann nach der Executive Summary gleich mit der Idee an.

Wo stehe ich? Was sind meine Möglichkeiten?

3. Die Geschäftsidee (oder Produktidee etc.)

Am Anfang eines jeden Prozesses, der zu etwas Neuem führen oder etwas verändern soll, steht eine Idee. Hier muss nachvollziehbar aufgezeigt werden, wie mit der Umsetzung Geld verdient werden kann bzw. ein anderes vom Unternehmen angestrebtes Ziel erreicht wird.

Kann ich mit meiner Idee Geld verdienen?

4. Marketingkonzept

Was will ich wie verkaufen? Und wie viel?

Dies ist neben der Idee das Kernstück der meisten Business Pläne. Wichtig sind klare Beschreibung von Markt und Wettbewerb, Sortiment und Positionierung, Vertriebsstrategie und Absatzerwartungen. Ein minutiöser Marketingplan wird hier im Allgemeinen noch nicht erwartet und würde in diesem Stadium der Konzeption auch zu weit führen.

5. Organisation und Geschäftsablauf

Wie organisiere ich die Abläufe?

Dieses Kapitel sollte immer dann sehr sorgfältig durchdacht und ausformuliert werden, wenn zum Beispiel durch Einführung neuer Abläufe die gewohnten Pfade innerhalb des Unternehmens verlassen werden. Es ist besonders wichtig bei Reorganisationen und Neugründungen. Im letzteren Fall sollte auch das für Investoren wichtige Management Team mit Stärken, Schwächen und zu füllenden Lücken vorgestellt werden.
Wenn dagegen zum Beispiel „nur" ein neues Produkt eingeführt werden soll, mit vorhandenen Vertriebswegen, und auch sonst bleibt alles, wie es ist, kann dieses Kapitel entfallen.

6. Umsetzungsfahrplan

Wer macht was wann?

Hier werden die notwendigen Aktivitäten zur Realisierung der Idee dargestellt, mit Zeitplan und von wem sie erledigt werden müssen. Besondere Aufmerksamkeit sollten Sie dem kritischen Pfad zuwenden.

7. Finanzplan

Wie viel werde ich verdienen? Reicht mein Kapital?

Er besteht im Kern aus projektiver GuV, Bilanz und Liquiditätsplanung für die nächsten drei bis fünf Jahre, aufbauend auf der Planung von Absatz, in direkten Kosten und Investitionen. Hier wird auch der Kapitalbedarf ermittelt und mögliche Finanzierungsquellen aufgelistet.
Wird der Finanzplan nur für einen Teilbereich des Unternehmens aufgestellt, ist die Erstellung der projektiven Bilanz häufig irrelevant, und auch die projektive GuV nur in verkürzter Form sinnvoll. Zum Beispiel hat die Markteinführung einer neuen Senfsorte durch einen Nahrungsmittelkonzern im Allgemeinen wenig mit der Gesamtbilanz zu tun und eine aussagekräftige Produkt-GuV wenig mit der Konzern-AfA.

8. Risiken und Sensitivitätsanalyse

Hier sollten Sie die wesentlichen Risiken für die Umsetzung des Plans diskutieren und deren finanzielle Konsequenzen darstellen.

Wo sind Risiken?

9. Bewertung

Das Management bzw. der Investor wollen häufig wissen, ob das für die Umsetzung des Plans erforderliche Geld gut angelegt ist. Deswegen sollte zum Abschluss eines guten Plans eine Bewertung des Unternehmens oder des Projekts stehen. Dies erfolgt am besten mithilfe finanzmathematischer Verfahren, zum Beispiel der Free Cash Flow-Methode.

Wie hoch wird das eingesetzte Kapital verzinst?

Wie sollte der Business Plan aussehen und wie lang muss er sein?

Ein professionell aufgemachter Business Plan muss die Zielperson zunächst einmal dazu bringen, ihn auch zu lesen. Dabei helfen ansprechendes Äußeres und überschaubares Volumen – dicke Wälzer sind wenig gefragt, sie stehlen Zeit. Der Plan soll aber nicht nur gelesen, sondern auch verstanden und im Idealfall akzeptiert werden. Das bedingt verständliche Sprache, logischen Aufbau und eine gute Story. Technische Einzelheiten müssen allgemein verständlich formuliert werden, da die Zielpersonen meist keine Techniker sind.
Die folgende Checkliste soll Ihnen dabei helfen, einen solchen überzeugenden Business Plan zu erstellen.

Thema/Gliederung

Je nach Thema kann die Gliederung individuell variieren, sie sollte das Thema jedenfalls reflektieren (siehe oben). Eine Firmenneugründung erfordert andere Schwerpunkte und Argumentationsketten als eine Änderung des Vertriebssystems. Die obige Mustergliederung sollte den meisten Anforderungen gerecht werden.

Das Thema bestimmt die Folge der Argumente

Inhalt

Wesentliche Fakten

Der Business Plan muss alle für eine Entscheidung relevanten Informationen enthalten – nicht mehr, aber auch nicht weniger.

Sprache

Knapp, klar, verständlich, auf den Punkt. Überflüssiges vermeiden.

Graphische Elemente

Einfache, verständliche und übersichtliche Tabellen und Graphiken.

Schrift

Eine gut lesbare Schrift wählen, Größe mindestens 11 Punkt, Zeilenabstand 1½, Seitenränder mindestens 2,5 cm (bezogen auf eine DIN A4-Seite).

Länge

So kurz wie möglich!

Wiederum bezogen auf das DIN A4-Format, sollte der Umfang des Plans 20 Seiten nicht überschreiten, in sehr komplexen Fällen kann er max. 30 Seiten betragen.

So erstellen Sie einen Business Plan

In der Mustergliederung haben wir zusammengefasst, welche Themen für einen Business Plan wichtig sind. Wir werden uns in diesem Abschnitt mit den dazu gehörenden Inhalten beschäftigen und den Konzepten, die dahinter stehen.

Erarbeiten der Inhalte in den Schritten der Mustergliederung

Wir gehen dabei so vor, wie man einen Business Plan schreiben würde, das heißt in der Reihenfolge der Mustergliederung. Allerdings müssen wir eine Ausnahme machen: Die Executive Summary steht am Ende, da sie erst nach Kenntnis aller Fakten geschrieben werden kann. Im fertigen Plan steht sie dann aber am Anfang, weil der Leser, der den Plan aufschlägt, sofort interessiert werden soll.

Für die einzelnen Punkte der Gliederung wird zunächst besprochen, was dort hinein gehört und warum. Direkt anschließend folgen Beispiele zur praktischen Erläuterung.

Ausgangssituation

Wo stehe ich und was sind meine Möglichkeiten?

Analyse der Geschäftssituation

Als Autor des Plans gibt Ihnen die Ausarbeitung dieses Kapitels die Gelegenheit, sich intensiv und vertieft mit der Situation Ihres Unternehmens (bzw. Ihrer Produktgruppe etc.) zu befassen und das wirtschaftliche Umfeld zu beleuchten. Daraus ergeben sich meist schon die Handlungsspielräume und möglichen Optionen.

Da Sie als Autor des Plans im Allgemeinen beim Schreiben der Ausgangssituation schon eine Vorstellung von Ihrer Idee oder Ihrem Ziel im Hinterkopf haben, können Sie Auswahl und Darstellung der Fakten sowie eine entsprechende Argumentation gezielt einsetzen, um die Gedanken des späteren Lesers in die gewünschte Richtung zu lenken.

Finanzielle Gegebenheiten

Für das finanzielle Verstehen der weiteren Überlegungen und Planungen helfen Ihnen neben qualitativen Erläuterungen zum Beispiel aktuelle

- Unternehmens-GuVs,
- Erfolgsrechnungen des Produktbereichs,
- Jahresabschlüsse und Bilanzen,
- Status von und Ausblick für Liquidität/Cash Flow

oder andere relevante finanzielle Informationen zum aktuellen Geschäft des infrage stehenden Unternehmens, Produkts etc. – je nach Projekt. Wie schon erwähnt, ist es für die Markteinführung einer neuen Senfsorte nicht unbedingt sinnvoll, die Bilanz des gesamten Nahrungsmittelkonzerns als Ausgangspunkt zu wählen.

Umfeld von Markt und Wettbewerb

Neben der finanziellen Seite spielt das Umfeld von Markt und Wettbewerb bei vielen Themen von Business Plänen eine wesentliche Rolle für die Beurteilung der Ausgangssituation. Dies gilt besonders für den Fall, dass die nachfolgende Idee die Änderung der Absatzentwicklung des Unternehmens, einer Produktgruppe oder eines Produkts zum Ziel hat.

Ist die dem Plan zugrunde liegende Kernidee zum Beispiel „Ich will meinen Umsatz im nächsten Geschäftsjahr um zehn Prozent steigern.“, oder „Ich will den Marktanteil von Produktgruppe XY nach einem Rückgang um drei Marktanteilspunkte wieder auf das alte Niveau bringen.“, sollten Sie der Beantwortung folgender und ähnlicher Fragen sehr sorgfältig nachgehen:

- Steigen meine Verkäufe oder stagnieren sie? Und was sind mögliche Gründe dafür?
- Gibt es einen neuen Trend auf dem Markt, dem mein Angebot besser (oder schlechter) entspricht als bisher?
- Entsprechen meine Produkte und das Umfeld der Produkte noch den Bedürfnissen der Kunden?
- Gibt es eine Lücke im gegenwärtigen Marktangebot, die ich mit einem neuen Produkt mit höherem Kundennutzen schließen kann?
- Hat der Wettbewerb ein besseres Angebotspaket als ich?
- Ist mein Preis richtig?
- Ist die Produktaussage in meiner Werbung richtig?
- Mache ich genug Werbung?
- Im Fall von Ladengeschäften: Ist mein Standort (noch) richtig?

Solche Fragen betreffend Produkt, Markt, Kunden und Wettbewerb können Sie natürlich auch im Abschnitt „Marketingkonzept“ diskutieren. Entscheidend ist dafür, ob die Beantwortung hier dazu beiträgt, dass die im folgenden Abschnitt des Business Plans präsentierte Idee vom Leser besser verstanden und akzeptiert wird.

Die Punkte, die bereits hier zu den Themen Markt, Sortiment und Wettbewerb vorgestellt werden, sollten Sie dann im Abschnitt „Marketingkonzept“ nicht in epischer Breite wiederholen. Ein kurzer Verweis genügt.

Fakten zum weiteren Verständnis zeigen

Das Kapitel „Ausgangssituation“ lässt Ihnen als Verfasser des Plans viel Spielraum bei der Auswahl der darzustellenden Fakten. Unabdingbar ist jedoch, dass Sie nichts weglassen, was zum Verständnis des Konzepts notwendig ist.

Was erwartet der Leser des Business Plans von diesem Kapitel?

Relevantes Startfoto des Vorhabens

Der Leser geht davon aus, dass hierin sämtliche für das Verständnis des weiteren Plans notwendigen Vorinformationen enthalten sind; es ist gewissermaßen das Startfoto. Er will ein Gefühl für die Situation des Unternehmens und für das wirtschaftliche Umfeld bekommen. Dies ist für ihn wichtig, um die Tragfähigkeit der dann folgenden Idee bzw. des Plans beurteilen zu können.

Praxis-Beispiel

Eine Bäckerei macht Verlust – Analyse und Optionen

Eine Bäckereifiliale ist seit einiger Zeit in der Verlustzone. Der Geschäftsinhaber Matthias Mehrkorn möchte aus dieser Situation heraus kommen und dort wieder Gewinne machen.

Seine Situation analysiert er wie folgt:

Nach der Eröffnung vor dreieinhalb Jahren in einem Wohnbezirk mit Geschäften, einigen italienischen und griechischen Restaurants sowie einer nicht weit entfernten Großklinik lief das Geschäft zunächst mäßig bis zufrieden stellend. Das Verkaufssortiment bestand aus traditionellen Standardbrot- und -backwaren.

Die Kunden waren zu 40 Prozent Bewohner der umliegenden Häuser sowie zu 60 Prozent Passanten, die auf dem Weg von einer nahe gelegenen Straßenbahnhaltestelle zur Klinik an der Filiale vorbeikamen. Bei den Passanten handelte es sich sowohl um Angestellte als auch Besucher der Klinik.

Der Wettbewerb bestand – und besteht noch heute – aus zwei weiteren Bäckereien auf anderen Seiten der Klinik in jeweils ca. 1,5 km Entfernung von ihm und voneinander.

Der Umsatz explodierte geradezu, als ein Jahr später direkt gegenüber auf der anderen Straßenseite eine Großbaustelle mit zeitweilig mehr als 300 Bauarbeitern eröffnet wurde. Auf der Baustelle würde ein größeres Forschungsinstitut für über 200 Beschäftigte entstehen.

Der Umsatz stieg weiter, als Matthias Mehrkorn das Sortiment um den Tagesbedarf der Bauarbeiter ergänzte. Er verkaufte nun auch heiße Würstchen, Kaffee, Bier und Limonade sowie Zigaretten und Zeitungen. Bei schönem Wetter stellte er außerdem Tische und Stühle auf den Bürgersteig.

Die beiden Konkurrenzbäckereien profitierten von dieser Baustelle wenig, da sie deutlich weiter entfernt waren.

Vor einem Jahr wurde die nahe gelegene Straßenbahnhaltestelle von den städtischen Verkehrsbetrieben geschlossen. Der Umsatz der Angestellten und Besucher der Klinik entfiel in Matthias Mehrkorns Filiale und ging an die beiden anderen Bäckereien, die näher an den Haltestellen postiert waren, an denen Matthias Mehrkorns ehemalige Kunden nun ausstiegen.

Diesen Umsatzrückgang bemerkte er kaum wegen seiner speziellen Baustellenkonjunktur.

Matthias Mehrkorn war bewusst, dass der Bau des Forschungsinstituts irgendwann abgeschlossen sein würde und damit die Bauarbeiterkonjunktur. Er rechnete allerdings damit, dass die Mitarbeiter am Institut diesen Rückgang zu einem großen Teil wieder ausgleichen würden.

Es kam anders. Vor drei Monaten, nach Fertigstellung des Bauwerks und Abschluss des Innenausbaus, ist seine Filiale innerhalb von vier Wochen im Umsatz unter den Stand direkt nach der Eröffnung gefallen.

Eine Analyse der kaufenden Kunden ergibt:

- Die Bewohner der umliegenden Häuser sind geblieben.
- Die Passanten von der Straßenbahnhaltestelle zur Klinik sind nach Schließung der Haltestelle weg geblieben und vermutlich zu den beiden anderen Bäckereien abgewandert.

- Die Bauarbeiter sind naturgemäß nach Fertigstellung des Bauvorhabens als Kunden entfallen.
- Von den Beschäftigten des Forschungsinstituts kaufen nur wenige bei ihm ein, obwohl die Bäckerei von Matthias Mehrkorn am nächsten liegt. Das Institut hat auch keine eigene Cafeteria – trotzdem wird sein bei den Bauarbeitern ehemals so beliebtes Imbissangebot nur noch selten wahrgenommen.

Matthias Mehrkorn stellt sich die Frage, warum das so ist.

Die Beobachtung der nahe gelegenen Konkurrenzbäckereien zeigt, dass die Institutsangestellten dort durchaus einkaufen – allerdings Produkte, die er nicht im Sortiment hat, zum Beispiel Baguettes und Ciabatta. Auch die italienischen und griechischen Restaurants mit mediterranem Ambiente und Speisenangebot werden von den Institutsangestellten mittags gut frequentiert und machen ein blendendes Geschäft.

Offensichtlich hat die Zielgruppe „Institutsmitarbeiter" andere Wünsche, Bedürfnisse und Anforderungen an Backwaren und Zwischenmahlzeiten, als Matthias Mehrkorn sie anbietet – das Zielgruppenprofil ist ein anderes als das der Bauarbeiter.

Welche Möglichkeiten hat Matthias Mehrkorn nun, um mit seiner Filiale an diesem Geschäft Teil haben zu können und es dadurch wieder in die Gewinnzone zu bringen? Er stellt dazu folgende Überlegungen an:

- Für den Bereich Brot- und Backwaren muss er Ideen entwickeln, um sein Angebotssortiment mit geeigneten Produkten zu ergänzen.
- Diese sollten Vorteile wenigstens gegenüber dem konkurrierenden Angebot der beiden nahe gelegenen Wettbewerbsbäckereien aufweisen und könnten zum Beispiel im Geschmack, in der Vielfalt, im Preis oder in der Frische der Produkte liegen – warum würde sonst irgend jemand den Bäcker wechseln wollen?
- Um das Imbissgeschäft wieder zu beleben, muss er auch hier sein Angebot umstellen. Was die Institutsmitarbeiter mögen, hat er in den verschiedenen Restaurants gesehen.
- Ein Restaurant kann und will er nicht aufmachen, er sieht aber durchaus Möglichkeiten, sein Imbissangebot deutlich über Würstchen hinaus auszuweiten und raffinierter zu gestalten, zum Beispiel in Richtung Quiche Lorraine, Flammkuchen oder warme Pasteten.
- Dieses Angebot könnte er durch gemütlicheres Ambiente abrunden.
- Funktionieren seine Ideen, kann dies gleichzeitig ein Test für sein Stammhaus sein.

In einem Business Plan muss Matthias Mehrkorn nicht alle diese Überlegungen in vollem Umfang darstellen, es ist für sein Verständnis der Situation aber wichtig, dass er sie macht. In einem Plan könnte er dann

- die Entwicklung der Filiale anhand der GuV-Entwicklung zeigen,
- die Wettbewerbssituation und örtlichen Gegebenheiten darstellen
- und die unterschiedlichen Ansprüche seiner ständig wechselnden Kundengruppen schildern.
- Daraus kann er dann wie oben seine Optionen ableiten.

In welche Richtung Matthias Mehrkorn dann tatsächlich gehen will, muss er in der im Business Plan nachfolgenden Geschäftsidee darlegen. ◂

Wann ist eine Beschreibung der Ausgangssituation im Business Plan besonders wichtig?

Eine sorgfältige Analyse der Ausgangssituation ist bei besonders komplexen oder speziellen Situationen wie zum Beispiel Reorganisationen oder Turn Arounds von Unternehmen oder notwendigen Neuausrichtungen des Geschäfts unverzichtbar.
In solchen Fällen sind Sie in der Wahl der Geschäftsoptionen meist nicht mehr frei, und für den Leser – aber auch für Sie selbst als Autor – müssen Sie die Optionen, die es noch gibt, sauber herausarbeiten.
Sie können dann bei der späteren Darstellung des Konzepts auch besser diskutiert und beurteilt werden. Beispiele für solche komplexen Ausgangslagen finden wir im obigen Beispiel und in der Ausgangssituation des Business Plans aus dem Kapitel Praxisbeispiel drahtesel. de.

Wann kann sie entfallen?

Unter Umständen müssen Sie keinen speziellen Abschnitt für die Situationsanalyse schreiben. Dies gilt häufig für Firmenneugründungen, wo die Marktlücke in der Idee beschrieben wird, und Informationen zur finanziellen Ausgangssituation, wie Startbilanz oder Kassenbestand an anderer Stelle eingefügt werden können.

Praxis-Beispiel

„Ich habe 50.000 Euro und möchte ein Spezialitätenrestaurant eröffnen."

Dies ist ein solcher Fall, in dem kein spezielles Kapitel für die Darstellung der Ausgangssituation benötigt wird, der obige Satz beschreibt sie bereits.

Das Wesentliche hier ist das Konzept, die Idee und ihre Umsetzung: Die geplante örtliche Lage, das Restaurantangebot und seine Qualität, das Kundenpotenzial und dessen Bedürfnisse, das Wettbewerbsumfeld ... ◂

Das Ziel: Wie sieht meine Geschäftsidee aus?

Eine gute Geschäftsidee muss keine umwälzende Innovation sein

Eine Geschäftsidee ist die Grundlage jedes Business Plans. Diese Idee muss nicht notwendigerweise eine weltumwälzende Innovation sein, sie kann durchaus in dem einfachen Ziel bestehen, den Umsatz des eigenen Unternehmens im nächsten Geschäftsjahr um zehn Prozent zu erhöhen.

Wenn Sie sich nicht gerade in einem Markt mit rasantem Wachstum befinden, erfordert bereits das Erreichen dieses „einfachen" Ziels in vielen Fällen neue Ideen. Diese können auf der Produktseite liegen, in der Abwicklung des Geschäfts, im Kundenservice, einer geschickten Werbekampagne, …

Der Plan wird dann geschrieben, um die Idee und das Konzept zu ihrer Realisierung darzustellen, das Geld für die Umsetzung von Ihrer Bank oder einem Investor zu bekommen oder auch die Genehmigung von Ihren Vorgesetzten.

Die Zeitdauer zwischen der ersten Idee und einem umsetzungsfähigen Business Plan ist unterschiedlich lang. Sie ist abhängig von der Art des Projekts und der Länge der Phasen zwischen den einzelnen Meilensteinen. Manchmal ist es dann auch notwendig, die Idee losgelöst von einem fertigen Business Plan vorab zu präsentieren, zum Beispiel um eine Zwischenfinanzierung für eine Produktentwicklung zu ermöglichen.

Die Idee muss überzeugen

Die Geschäftsidee muss aber auf jeden Fall überzeugen – und überzeugend präsentiert werden – sonst nützt der ganze Plan nichts.

Ich will Geld verdienen. Kann ich das mit meiner Idee?

Dies ist im Grunde genommen die einfache, aber wichtige Kernfrage, die allen Geschäftsideen zugrunde liegt – oder liegen sollte. Denn leider wird häufig an Erfindungen herumlaboriert, ohne darauf zu achten, ob irgend jemand so ein Produkt benötigt, oder ob es nicht schon etwas auf dem Markt gibt, dass den gleichen Nutzen bringt, nur nach einem anderen technischen Prinzip.

Drei Fragen schlüssig beantworten

Dabei lässt sich die Antwort auf die global formulierte Kernfrage recht einfach geben: Für eine erfolgreiche Geschäftsidee müssen drei Fragen schlüssig beantworten werden:

Welches Kundenbedürfnis wird befriedigt?

Kundennutzen

- Die Geschäftsidee muss die Lösung eines für den potenziellen Kunden wesentlichen Problems sein.
- Der Nutzen für den Kunden steht im Vordergrund, nicht zum Beispiel technische Details der Herstellung oder die raffinierte Werbung.

Wie sieht der Markt aus?

Markt, Wachstum, Wettbewerbsvorteil

- Größe, Wachstum, Zielgruppen, Wettbewerb.
- Wo habe ich Wettbewerbsvorteile oder kann sie mir erarbeiten:
- Wie unterscheidet sich die Idee vom Angebot des Wettbewerbs?
- Was ist das Innovative, Neue oder Bessere daran?
- Wie schnell und mit welchem Aufwand kann die Idee kopiert werden?
  - Kann die Idee geschützt werden?

Wie kann damit Geld verdient werden und wie viel?

Schätzung von Umsatz und Gewinn

- Ertragsmechanik
- Grobe Schätzung von Umsatz- und Gewinnmöglichkeiten

Mit den Antworten auf diese Fragen soll der „Geldgeber“ interessiert werden: Sei das ein Investor, eine Bank oder die Geschäftsleitung zur Genehmigung des Budgets. Die Beantwortung dieser Fragen sollte aber auch dann sorgfältig durchgeführt werden, wenn es sich „nur" um das eigene Kapital handelt!

Wie präsentiere ich meine Geschäftsidee?

Die Präsentation einer Geschäftsidee geschieht häufig schon lange vor der Ausarbeitung des endgültigen Business Plans. Dies geschieht, um das Interesse von Banken, Investoren oder Vorgesetzten zu wecken, weil man Geld für die Weiterentwicklung braucht oder die Zuweisung von personeller Kapazität aus der F&E-Abteilung. Man erhält dadurch auch Rückmeldung über die Qualität der eigenen Überlegungen und zusätzliche Anregungen.

Die Präsentation selbst geschieht am besten mithilfe einer sauberen markt-, kunden- und renditeorientierten Argumentation, möglichst untermauert mit Zahlen und harten Fakten.

Kurz, knapp, und präzise formulieren!

Sie sollte aus der Sicht der Zielperson formuliert werden – des Bankers, Investors oder Vorgesetzten. Bei der Auswahl der Argumente sollten Sie daran denken, dass Investoren meist keine Techniker sind. Die Formulierungen müssen kurz, knapp und präzise sein, da sie außerdem meist auch wenig Zeit haben. Bei zuviel technischen Details oder inhaltslosem Gerede können sie schnell das Interesse verlieren und wenden sich anderen Projekten zu. Manchmal genügt ein falsches Argument, um eine ansonsten gute Idee uninteressant zu machen.

Gehen Sie für Ihre Präsentation anhand der folgenden Checkliste vor, um zu überprüfen, ob Sie alle Fragen für eine erfolgreiche Geschäftsidee schlüssig beantworten können. Diese Checkliste finden Sie auch auf der beiliegenden CD-ROM.

Checkliste Geschäftsidee

Werden diese Fragen beantwortet?	ja	nein
Welches wesentliche Problem wird durch meine Idee gelöst?	✓	
Welchen Nutzen hat der Kunde?		
Welches Produkt/Dienstleistung will ich konkret verkaufen?		
Was ist daran besser als beim Wettbewerber?		
Was ist das Neue, Einzigartige oder Innovative daran?		
Kann die Idee geschützt werden?		
Ertragsmechanik, Umsatz und Gewinn		

Formulieren Sie Ihre Präsentation entsprechend der Checkliste aus:

- Beschreiben Sie das Problem und seine Lösung durch Ihre Idee.
- Schildern Sie den Kundennutzen.
- Sagen Sie konkret, was Sie verkaufen wollen, und was daran besser ist als beim Wettbewerb. Wenn möglich, zeigen Sie ein Bild, eine Zeichnung oder ein Diagramm, das es dem Leser oder Zuhörer erleichtert, das Vorteilhafte Ihrer Idee zu verstehen.
- Arbeiten Sie die Wettbewerbsvorteile deutlich heraus.
- Geben Sie klare Auskunft, ob Ihre Idee patentfähig ist oder nicht, und in welchem Stadium Sie dabei gegebenenfalls stehen. Sagen Sie auch, mit welchem zeitlichen Vorsprung vor dem Wettbewerb Sie mit Ihrer Idee auf den Markt kommen können.
- Geben Sie eine kurze Beschreibung der Ertragsmechanik und eine glaubwürdige Schätzung von Umsatz- und Gewinnmöglichkeiten.

Diese Punkte gelten sowohl für eine Vorabpräsentation der Geschäftsidee als auch für die letztendliche Darstellung der Idee im Business Plan. Die Inhalte der einzelnen Themenpunkte werden sich allerdings im Verlauf des Projekts verändern: Zahlenschätzungen zum Beispiel für Herstellungskosten oder Gewinne werden immer konkreter, je mehr Sie sich der Markteinführung nähern.
Hier noch einige Beispiele für bessere und schlechtere Präsentationsstile.

Der Tüftler

„Dies ist eine einzigartige Idee für eine vollautomatische Reinigungsmaschine, an deren Entwicklung ich bereits vier Jahre gearbeitet habe. Das Besondere an dieser Maschine ist, dass sie mit 20.000 Umdrehungen pro Minute arbeitet und nach dem XY-Prinzip ferngesteuert werden kann ... "

Der Investor denkt: „Reine Zeitverschwendung, diese technischen Details interessieren mich überhaupt nicht, und ich verstehe sie auch nicht. Ob der sich je nach dem Kundennutzen oder dem Marktpotenzial gefragt hat?" ◂

Der Verkäufer

„Ich habe hier die Idee für ein Riesenprodukt, welches beinahe jedermann benötigt – die Leute wissen es nur noch nicht. Wenn Sie bei mir investieren, können Sie Ihren Kapitaleinsatz in kürzester Zeit vervielfachen ... "

Der Banker denkt: „Solche Schwafelei kann ich nicht ausstehen. Der will nur mein Geld. Wann kommen endlich Fakten auf den Tisch?" ◂

Der Unternehmer

„Dies ist die Idee für eine Reinigungsmaschine, die es kleineren Gebäudereinigern bis ca. fünf Mio. Euro Jahresumsatz ermöglicht, die Reinigungskosten für Krankenhäuser um zehn bis fünfzehn Prozent zu senken. Die Akzeptanz bei den Testbetrieben lag über 85 %. Unser Wettbewerbsvorsprung beträgt mindestens zwölf Monate, weil ... "

Der Investor ist interessiert – er weiß gleich zu Anfang, dass das Produkt einen Markt hat und offensichtlich akzeptiert wird, einen quantifizierbaren Kundennutzen aufweist und einen gewissen zeitlichen Vorsprung vor dem Wettbewerber hat.

Von diesem Produkt möchte er mehr hören. ◂

Was sind Innovationen? Welche Bedeutung haben sie?

Innovationen aller Art gibt es seit Beginn der Menschheit auf allen Gebieten. Sie haben die Zivilisation auf den jetzigen Stand gebracht, auf ihnen

beruht der Fortschritt. Aus jeder neuen Idee kann eine Innovation werden, wenn auch nicht immer erfolgreich.
Wir beschränken uns hier auf Innovationen im geschäftlichen Bereich. Ohne solche Innovationen wäre das heutige Geschäftsleben nicht denkbar – oder wir würden mit Produkten aus der Steinzeit nach damaligen Methoden Handel betreiben. Aber selbst dazu waren bereits Innovationen nötig.
Die meisten Menschen verstehen unter Innovationen lediglich neuartige Produkte, „Produkt-Innovationen", die auf herkömmliche Art und Weise hergestellt und vertrieben werden.

Praxis-Beispiel

Produkt-Innovationen

Black&Decker Alligator war die erste elektrische Säge mit zwei gegenläufigen Sägeblättern, *Lotus 1-2-3* das erste Tabellenkalkulationsprogramm für PCs. Für beide Produkte wurde das gleiche Vertriebssystem und Herstellungsverfahren genutzt wie für das restliche Sortiment.

Hier gibt es zahlreiche weitere Beispiele, im Grunde genommen kann jedes neue Produkt aufgezählt werden, das deutlich über einfache Produktpflege hinaus weiterentwickelt wird. ◂

Die meisten Produkt-Innovationen dienen der Verbesserung des Kundennutzens. Daneben gibt es auch eine zweite Art der Innovation, die aber nicht immer leicht ersichtlich ist, die Innovation des Geschäftssystems, kurz „Geschäfts-Innovation" genannt. Hier werden bekannte Produkte oder Dienstleistungen auf neue Art hergestellt bzw. erbracht oder vertrieben.

Praxis-Beispiel

Geschäfts-Innovationen

Amazon.com hat als Erster Bücher über das Internet verkauft und *McDonald's* standardisierte, in der gesamten Restaurantkette gleiche Gerichte serviert. ◂

Geschäfts-Innovationen haben meist Kostensenkungen zum Ziel, die dann ganz oder teilweise an den Kunden weitergegeben werden können. Obwohl es auch ein zusätzlicher Kundennutzen sein kann, um drei Uhr morgens Bücher auszusuchen und zu bestellen.
Nachfolgend werden die Zusammenhänge zwischen den Innovationsarten gezeigt.

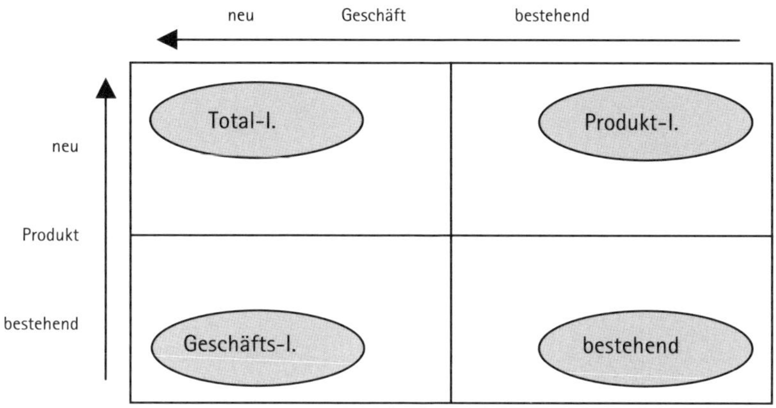

Verschiedene Arten von Innovationen

Die Grafik zeigt eine dritte Art von Innovation, die „Total-Innovation", eine Kombination aus den beiden anderen: Hier werden neuartige Produkte auf neue Weise hergestellt oder vertrieben. Solche Innovationen begründen häufig ganze neue Industrien.

Total-Innovationen

Praxis-Beispiel

Ikea hat als erster SB-Möbel (Produkt-Innovation) zum Mitnehmen (Geschäfts-Innovation) verkauft, und *Netscape* seinen Browser *Communicator* (Produkt-Innovation) gratis übers Internet (Geschäfts-Innovation). *Netscape* hat damit zur Verbreitung des Internet wesentlich beigetragen, *Ikea* zum Entstehen zahlreicher ähnlicher Möbelhausketten. ◄

Basis für diese Innovationen waren erfolgreiche Geschäftsideen: Nicht jede Geschäftsidee ist eine Innovation, aber jede Innovation beruht auf einer Geschäftsidee.

Welche Vorteile habe ich gegenüber dem Wettbewerber und wie kann ich sie für mich nutzen?

Wettbewerbsvorteile

Wettbewerb gibt es für alles, egal, was man auf den Markt bringt. So kann er zwischen gleichartigen Produkten entstehen, zum Beispiel Walkmen verschiedener Anbieter, oder zwischen Substituten, die den gleichen Kundennutzen auf andere Weise erfüllen, zum Beispiel einem Walkman und einem tragbaren CD-Player. Entscheidend für den Erfolg eines Unternehmens ist, dass es sich im Wettbewerb Vorteile verschafft. Diese können sehr unterschiedlicher Natur sein.

Wettbewerbsvorteile entstehen für ein Unternehmen aus der Differenz zwischen dem vom Kunden akzeptierten Mehrpreis für die Mehrleistung eines Produkts und den für diese Mehrleistung entstehenden Kosten.

Dies klingt kompliziert, ist es aber im Grunde nicht. Es geht darum, für Ihr Angebot die Kombination der Parameter Preis, Leistung und Kosten so zu gestalten, dass das eigene Paket dem Unternehmen gegenüber dem Wettbewerb Vorteile bringt. Beispiele für solche „vorteilhaften" Parameterkombinationen sind:

- **gleicher Preis, gleiche Leistung, geringere Kosten:**
  Der Vorteil gegenüber dem Wettbewerb besteht im höheren Profit pro Stück.
- **niedrigerer Preis, gleiche Leistung, geringere Kosten:**
  Durch die Weitergabe der geringeren Kosten an den Kunden durch den niedrigeren Preis sind Mehrverkäufe zu erwarten und damit ein Marktanteilsgewinn.
- **gleicher Preis, mehr Leistung, gleiche Kosten:**
  Hier kann auch ein Marktanteilsgewinn erwartet werden, diesmal durch das bessere Produkt, das zu gleichen Kosten hergestellt wird wie das schwächere des Wettbewerbs.

Praxis-Beispiel

Gleicher Preis, gleiche Leistung, geringere Kosten

Die Firmen *Feuer & Flamme* und *Litebox* verkaufen gleichwertige Einwegfeuerzeuge für 2.000 Zündungen zum Preis von jeweils einem Euro. Die Herstellungskosten sind ursprünglich gleich.

In einer Wertanalyse stellt *Litebox* fest, dass der derzeit verwendete Feuerstein für 5.000 Zündungen ausreicht, während die eingefüllte Gasmenge den ausgelobten 2.000 Zündungen entspricht. Daraufhin beschließt *Litebox*, die Länge des Feuersteins so zu kürzen, dass er noch für 2.500 Zündungen ausreicht – also immer noch genug, um die gesamte Gasfüllung nutzen zu können. Die Herstellkosten sinken dadurch um 1 Cent pro Stück.

Litebox gibt diese Einsparung nicht im Preis weiter, erzielt einen höheren Gewinn und hat damit einen Wettbewerbsvorteil gegenüber *Feuer & Flamme*.

Praxis-Beispiel

Niedrigerer Preis, gleiche Leistung, geringere Kosten

Zwei Hersteller von Waschmitteln befinden sich in scharfem Wettbewerb um Marktanteile. Ihre Produkte *Magic Colors* und *Frühlingswind* haben in Waschtests und Verbraucherumfragen gleich gute Ergebnisse. Die Herstellungskosten betragen bei beiden Produkten 1.000 Euro pro Tonne Waschmittel, die Verkaufspreise sind ebenfalls gleich.

Frühlingswind liegt im Marktanteil zehn Punkte hinter *Magic Colors*. Der Product Manager von Frühlingswind möchte diesen Rückstand gern aufholen und dazu den Preis um fünf Prozent senken. Aufgrund der niedrigen Marge bekommt er dafür aber nicht die Genehmigung der Geschäftsleitung.

Zusammen mit dem Chefchemiker des Unternehmens geht er die Rezeptur von *Frühlingswind* durch. Dabei entdecken sie, dass der Anteil an Waschmittelparfüm in der Rezeptur 100 Euro pro Tonne Waschmittel kostet, ein sehr hoher Betrag.

Sie kontaktieren den Parfümhersteller und bitten ihn um einen Vorschlag für eine billigere Lösung. Der Parfümhersteller schickt daraufhin mehrere Muster mit Alternativvorschlägen. Der Product Manager führt damit umfangreiche Akzeptanztests bei Verbrauchern durch und entscheidet sich für ein Parfüm, das vergleichbar gut mit dem alten testet, aber nur 40 Euro pro Tonne Waschmittel kostet.

Die Idee ist nun, das alte Parfüm in *Frühlingswind* durch das neue zu ersetzen. Dadurch würde er in den Herstellkosten 60 Euro pro Tonne Waschmittel einsparen. Wenn er diese Ersparnis an den Konsumenten weitergibt, hat sein

Unternehmen nach wie vor den gleichen Gewinn in Euro pro Tonne Waschmittel.

Senkt er nun den Preis, kann er davon ausgehen, dass insgesamt mehr *Frühlingswind* verkauft wird. Damit würde er zwei Fliegen mit einer Klappe schlagen: Der Gesamtgewinn des Unternehmens aus *Frühlingswind* würde sich erhöhen, und er würde *Magic Colors* einige Punkte Marktanteil abnehmen.

Durch die Änderung der Rezeptur, die damit verbundene Senkung der Herstellungskosten bei gleicher Waschleistung und Verbraucherakzeptanz und Senken des Preises hat der Product Manager für *Frühlingswind* einen Wettbewerbsvorteil.

Ein entsprechender Business Plan wird von der Geschäftsleitung akzeptiert. Unser Product Manager kann nun auf steigenden Marktanteil hoffen. ◂

Praxis-Beispiel

Gleicher Preis, mehr Leistung, gleiche Kosten

Im obigen Beispiel hätte der Product Manager von *Frühlingswind* sich auch dafür entscheiden können, die Kosteneinsparung beim Parfüm nicht im Preis weiterzugeben, sondern die Packung zu vergrößern und die Füllmenge zu erhöhen.

Er hätte dann pro Packung die Kombination „gleicher Preis, gleiche Kosten, mehr Packungsinhalt = größere Anzahl von Wäschen pro Packung = mehr Leistung für den Kunden" und könnte deswegen mit einem höheren Marktanteil rechnen.

Unser Product Manager entscheidet sich aber dagegen, weil seiner Ansicht nach die Preisoptik einen höheren Einfluss auf die Kaufentscheidung des Kunden hat als die Packungsgröße. ◂

Es gibt weitere Kombinationen und es gibt auch Zwischenstufen. So kann in der Kombination „niedrigerer Preis, gleiche Leistung, geringere Kosten“ natürlich auch nur ein Teil der Einsparungen an den Kunden weitergegeben werden, der Rest erhöht den eigenen Gewinn. Damit könnte ein Wachstum sowohl des Marktanteils als auch des eigenen Gewinns pro Stück erwartet werden. Entscheidend dafür, dass diese Vorteile nicht nur theoretisch bleiben, sind Einsparungen in entsprechender Größenordnung.

Marktstrategien und Wettbewerbsvorteile hängen zusammen

An diesen Überlegungen sieht man, dass die einzuschlagende Strategie in gewissem Umfang abhängig ist von den Wettbewerbsvorteilen, die man hat. Umgekehrt kann man natürlich auch eine bestimmte Strategie verfolgen und sich die dazu benötigten Wettbewerbsvorteile erarbeiten. Werden für die Realisation einer solchen Strategie zum Beispiel niedrigere Herstellungskosten benötigt, wie im obigen Beispiel, so kann man gezielt darauf hinarbeiten, durch konstruktive Veränderungen am Produkt, durch Vereinfachung oder Automatisierung der Herstellung oder durch geschickte Einkaufspolitik.

Praxis-Beispiel

Die freundliche Bedienung im Restaurant *Les Fruits de Mer*

Wir vergleichen zwei gegenüberliegende, gleichwertige Fischrestaurants *Les Fruits de Mer* und *Neptun* mit gleichwertigem Speisenangebot, gleichen Gestehungskosten und gleichen Preisen.

Les Fruits de Mer hat eine stets freundliche Bedienung, im *Neptun* ist sie immer mürrisch. Auf Dauer wird *Les Fruits de Mer* mit der freundlichen Bedienung stärker frequentiert werden, es hat einen Wettbewerbsvorteil durch das bessere Angebot.

Bleibt das Restaurant *Les Fruits de Mer* bei dieser Kombination seiner Angebotsparameter, verfolgt es eine Marktanteilsstrategie.

Dieser Wettbewerbsvorteil kann auch anders genutzt werden, indem *Les Fruits de Mer* die Preise in angemessenem Umfang erhöht. *Les Fruits de Mer* wird dann zwar keinen weiteren Marktanteilszuwachs haben, verdient aber mehr pro Essen.

Der Wettbewerbsvorteil von *Les Fruits de Mer* kann von *Neptun* leicht kopiert werden, indem es die mürrische Bedienung durch eine ebenso freundliche wie in *Les Fruits de Mer* ersetzt. Die Partie steht dann wieder unentschieden, *Les Fruits de Mer* wird keinen weiteren Marktanteilszuwachs erzielen.

Hat *Les Fruits de Mer* allerdings vorneweg die Preise erhöht, kann *Neptun* nun zusätzliche Marktanteile erhoffen, weil der Vorteil jetzt in der Kombination „gleiche Kosten, gleiche Leistung, niedrigerer Preis" bei *Neptun* liegt. ◂

Diese einfachen Überlegungen, auf welche Art Wettbewerbsvorteile strategisch genutzt werden können, zeigen den engen Zusammenhang zwischen Wettbewerbsvorteilen und Wettbewerbsstrategien.

Wettbewerbsvorteile wiederum hängen oft mit Innovationen zusammen: Geschäftsideen.

Wettbewerbsstrategien

Kombination verschiedener Maßnahmen

Dieser Abschnitt ist in Anlehnung an *Michael Porters „Competitive Strategies“* abgefasst worden. Demnach besteht die Wettbewerbsstrategie eines Unternehmens aus den Zielen, die es verfolgt, und den Mitteln, die es zum Erreichen dieser Ziele einsetzt. Sie ist die Kombination von Maßnahmen, die es dem Unternehmen ermöglichen soll, den Wettbewerbskräften der Branche erfolgreich zu widerstehen:

- Rivalität zwischen bestehenden Wettbewerbern
- Markteintritt neuer Wettbewerber
- Gefahr durch Substitute
- Verhandlungsstärke von Kunden und Lieferanten

Es gibt zahlreiche Ansätze für die Wettbewerbsstrategie eines Unternehmens und sie ist letztlich immer einmalig, da sie auf die besonderen individuellen Bedürfnisse des Unternehmens zugeschnitten ist. Verallgemeinert gesprochen: Es gibt drei Erfolg versprechende Strategie-Typen, die jede für sich und unter bestimmten Umständen auch kombiniert verwendet werden können.

Umfassende Kostenführerschaft

Anbieter mit niedrigsten Kosten

Diese Strategie beruht auf der Lernkurve und hat das Hauptziel, kostengünstigster Hersteller der Branche zu werden. Ist die Kostenführerschaft erreicht, bietet sie Schutz vor den Wettbewerbskräften, da das Unternehmen aufgrund des Kostenvorteils mehr Preisspielraum als alle Wettbewerber hat.

Keine minderwertigen Produkte durch Kosteneinsparungen!

Voraussetzung dafür ist aber, dass das Produkt bzw. Angebot des Kostenführers von den Kunden als gleichwertig angesehen wird. Ist dies nicht der Fall, muss der Preis spürbar unter den des Wettbewerbs gesenkt werden, um nicht deutliche Marktanteile zu verlieren. Die Vorteile des Kostenvorsprungs wären dann wieder dahin und verkehren sich unter Umständen sogar ins Gegenteil, zum Beispiel durch ein stark geschädigtes Image.
Das Halten der Führungsposition bedingt auch ständige Anstrengungen in verschiedenen Bereichen: strengste Kontrolle direkter und indirekter Kos-

ten, möglichst einfacher Herstellungsprozess, Elimination marginaler Kunden, Kostenminimierung bei F&E, Service, Außendienst und Werbung. Zur Strategie der Kostenführerschaft ist häufig ein hoher Marktanteil notwendig.

Differenzierung

Ziel dieser Strategie ist es, das eigene Produkt bzw. Dienstleistungsangebot vom Wettbewerb zu differenzieren, etwas in der Branche Einzigartiges zu schaffen und so Bester bei der Abdeckung der Kundenwünsche zu werden. Die Differenzierung kann am Produkt selbst geschehen oder um das Produkt herum.

Mögliche Ansätze liegen im Produktdesign, dem Markennamen, der Technologie oder Qualität des Produkts, im Service, in der Ausdehnung des Händlernetzes etc. Im Idealfall erfolgt die Differenzierung in mehreren Bereichen. Die Kostenseite muss natürlich auch beachtet werden, sie spielt aber nicht die Hauptrolle wie bei der Kostenführerschaft.

Auch bei Differenzierung auf Kosten achten

Ist das Ziel der Differenzierung erreicht, bringt sie das Unternehmen in eine starke Position gegen die Wettbewerbskräfte. Die Vorteile sind allerdings anderer Natur als beim Erreichen der Kostenführerschaft. Während die Kostenführerschaft mehr Spielraum für eventuell notwendige Preissenkungen zur Abwehr der Wettbewerbskräfte lässt, ist bei der Differenzierung die Preisempfindlichkeit geringer wegen der stärkeren Markenbindung, die durch die Position als Bester bei der Erfüllung der Kundenwünsche bedingt ist.

Die Strategie der Differenzierung kann unter Umständen (muss aber nicht) die Kostenposition stark beeinträchtigen, wenn zum Beispiel teure Materialien, exklusives Design, intensivste Kundenbetreuung oder umfangreiche Produktentwicklung erforderlich sind. Im Falle der Exklusivität schließt die Differenzierung auch einen hohen Marktanteil aus.

Konzentration auf Marktnischen

Kostenführung oder Differenzierung in einer Nische

Hier konzentriert sich das Unternehmen auf einen Schwerpunkt oder Teilmarkt. Das kann eine bestimmte Zielgruppe sein, ein geographisch begrenztes Gebiet oder die bewusste Beschränkung auf einen Teil des branchenüblichen Sortiments.

Die Strategie der Konzentration basiert auf der Annahme, dass das eigene Unternehmen die ins Auge gefasste Nische durch höheren Fokus besser bedienen kann als der branchenweite, umfassend tätige Wettbewerb. Das Unternehmen hat für seinen ausgewählten Schwerpunkt wiederum die Wahl zwischen Kostenvorsprung und Differenzierung. Es sollte bei konsequenter Durchführung der notwendigen Schritte letztlich in der Lage sein, die gewünschte Position in der Nische einzunehmen.

Anmerkung zu den Strategie-Typen

Kostenführung und Differenzierung schließen einander aus

Kostenführerschaft und Differenzierung erfordern für die erfolgreiche Umsetzung unterschiedliche Mittel und Fähigkeiten, organisatorische Strukturen, Prozesse und Abläufe in den Unternehmen. Das wiederum bedingt verschiedene Führungsstile und Unternehmenskulturen.
Deshalb scheitert meist der Versuch, unterschiedliche Strategie-Typen innerhalb eines Unternehmens durchzusetzen, selbst in völlig getrennten Profit Centern. Das liegt an den unterschiedlichen Mentalitäten: Ein Formel-1-Ingenieur zum Beispiel hat vermutlich Schwierigkeiten, einen kostengünstigen Motor für die Großserienfertigung eines Kleinwagens zu entwickeln.

Zwischen den Stühlen

Schafft ein Unternehmen es nicht, sich mit einem der beschriebenen Strategie-Typen am Markt einzurichten, hat es weniger Schutz vor der Wirkung der Wettbewerbskräfte. Es hat weder die niedrigsten Kosten noch das beste Angebot, weder in der Branche noch in einer Nische. Je weiter das Unternehmen von diesen Zielen entfernt ist und je stärker die Wettbewerbskräfte in der Branche sind, desto gefährdeter ist das Unternehmen: Es sitzt „zwischen den Stühlen“.

Wie verhalte ich mich am Markt? Das Marketingkonzept

Die Grundidee des Marketing ist das Befriedigen von Kundenbedürfnissen, und zwar besser, als es die Konkurrenz tut. Marketing ist deshalb umfassender als „Verkauf" oder etwa „Werbung" – sie sind darin enthalten.

Optimale Befriedigung der Kunden bedürfnisse

Marketingorientierte Unternehmen ordnen dem Prinzip der Befriedigung von Kundenbedürfnissen alles unter, von der Entwicklung und der Produktion über den Portier bis zum Verkauf, denn jeder im Unternehmen kann dazu in irgendeiner Form beitragen.

Das Marketingkonzept ist Kernstück des Business Plans. Ausnahmen bestätigen die Regel: Bei notwendig gewordenen Reorganisationen eines Unternehmens ist der Kernpunkt natürlich die Reorganisation. Die neue Organisation muss aber sicherstellen, dass die Kunden nach wie vor optimal bedient werden.

Kernstück der meisten Business Pläne

Das Marketingkonzept ist kein detaillierter, zum Beispiel mit der Agentur abgestimmter, ausführungsfähiger Marketingplan. Ein solcher wäre in der Konzeptphase auch verfrüht. Es müssten zu viele Annahmen über zu diesem Zeitpunkt noch unsichere Sachverhalte getroffen werden.

Wichtig sind hier dagegen konkrete Aussagen zu den Themen Markt und Wettbewerb, Sortiment und Positionierung, Vertriebsstrategie und Absatzerwartungen.

Markt und Wettbewerb: Wie sieht mein Zielmarkt aus und mit wem stehe ich im Wettbewerb?

Der Kunde steht im Mittelpunkt, er gibt dem Unternehmen erst die Daseinsberechtigung. Er wird dasjenige Produkt kaufen, von dem er sich den höchsten Nutzen verspricht. Dabei gibt es verschiedene Ebenen von Nutzen, die für den Käufer im Vordergrund stehen können: Funktionsnutzen, Geltungsnutzen etc.

Je nachdem, welchen oder welche Nutzen das eigene Angebot bieten soll, müssen Sie Zielgruppe, Sortiment und Positionierung festlegen. Unter diesen Gesichtspunkten werden dann die Beurteilung von Markt und Wettbewerb sowie die Auswahl einer geeigneten Segmentierung vorgenommen. Die folgenden Fragen sollten in diesem Kapitel beantwortet werden.

Wie groß ist der Markt?

Zunächst sollte der Markt definiert werden, zum Beispiel der deutsche Markt für Fahrräder. Gefragt sind dann:

- Volumen in Euro und in Stück (oder etwas Entsprechendes im Falle von Dienstleistungen)
- Anzahl der Kunden
- Auflistung wesentlicher Teilmärkte (Segmente)

Für manche Märkte können konkrete Zahlen gekauft oder anderweitig beschafft werden. Geht das nicht, ist eine auf vernünftigen, leicht zu verifizierenden Annahmen aufbauende Schätzung besser als nichts. Auch Interviews mit Marktteilnehmern helfen oft weiter.

Experten-Tipp

Schätzen von Marktgrößen

Versuchen Sie, eine möglichst sichere Basis für Ihre Schätzung zu finden. Außer gekauften Zahlen von Marktforschungsinstituten kommen als Quellen das Statistische Bundesamt, die IHK oder die verschiedenen Industrieverbände in Frage.

Versuchen Sie, diese Zahlen durch Interviews mit Marktteilnehmern (Handel, Anbieter) auf Ihre Bedürfnisse herunterzubrechen. Gleichen Sie unterschiedliche Informationen verschiedener Quellen miteinander ab. Machen Sie Rückfragen, wenn Sie nicht sicher sind.

Wenn Sie irgendeine Zahl gar nicht erhalten: Wie kann man durch einen Umweg zu der gewünschten Information kommen?

Achten Sie darauf, dass Ihre Schätzung immer logisch konsequent, plausibel und nachvollziehbar bleibt. So können neue Informationen leichter eingebaut werden.

Last not least: Beim Schätzen ist Einfallsreichtum gefragt.

Welches sind meine wesentlichen Marktsegmente?

Segmentierungen können nach unterschiedlichen Gesichtspunkten vorgenommen werden, zum Beispiel geographisch, nach Produkteigenschaften, nach Preispunkten, nach Käufergruppen etc. Man kann auch mehrere Kriterien für ein spezielles Segment zugrunde legen.

Segmentierung nach verschiedenen Kriterien vornehmen

Wichtig ist, dass die Segmentierung relevant für Ihr eigenes Angebot ist. Das heißt, es sollte schon einigermaßen klar sein, ob der ganze Markt bedient werden soll oder nur ein Teilmarkt.

Praxis-Beispiel

Zielgruppensegmentierung

Privatkunden (B2C-Geschäft)

- Wo ist Ihre Zielgruppe geographisch angesiedelt?
  - Geben Sie das Land, die Region oder die Stadt an, zum Beispiel Italien, Frankreich, Benelux, Norddeutschland, Großraum München.
  - Geben Sie auch an, ob Ihr Produkt eher in Ballungsräumen oder auf dem Land verkauft werden soll, wenn das relevant ist.
- Wie ordnen Sie Ihre Zielgruppe demographisch ein?
  - Geben Sie je nach Relevanz Rassengruppen, Geschlecht, Altersklassen,
  - Berufszugehörigkeit, Einkommen und Lifestyle an.
- Wie ist das Einkaufsverhalten Ihrer Zielgruppe?
  - Neigt sie eher zu geplanten Käufen oder Spontankäufen? Gibt es Markenpräferenzen? Wie hoch ist das Preisbewusstsein?
- Wie verwendet Ihre Zielgruppe das Produkt?
  - Wofür wird es eingesetzt? Gelegentlicher oder Dauergebrauch?

Firmenkunden (B2B-Geschäft)

- Wo ist Ihre Zielgruppe geographisch angesiedelt?
- Wie ordnen Sie Ihre Zielgruppe demographisch ein?
  - Geben Sie Firmengröße (Umsatz, Mitarbeiter) und Branche an.
- Wie ist das Einkaufsverhalten?
  - Ausschreibungen, Lieferantenverträge, Zentraleinkauf etc.
- Gibt es spezielle Einflussfaktoren?
- Verwendete Technologie, Einkaufshäufigkeit, Bestellmengen etc.

Wie stark wächst der Markt?

In diesem Kapitel sollten Sie folgende Fragen beantworten:

- Welches Wachstum in Prozent pro Jahr hatte der Markt im Durchschnitt der letzten drei bis fünf Jahre?
- Welches Wachstum erwarteten Sie für die nächsten drei bis fünf Jahre?
- Wie hoch ist das Wachstum in den für das eigene Konzept wichtigen Segmenten?

Falls Sie auch hier keine harten Zahlen vorliegen haben, gehen Sie wie bei den Schätzungen für die Größe eines Marktes vor.

Wer sind meine wichtigsten Wettbewerber am Markt?

Wo sind Stärken und Schwächen des Wettbewerbers? Was ist seine Strategie?

Die Antwort auf die folgenden Fragen ist umso wichtiger, je schärfer der Wettbewerb in der Branche ist.

- Was bieten sie an, welches sind ihre Stärken und Schwächen, wie gehen sie vor?
- Wie aggressiv ist der Wettbewerb, was sind seine vermuteten Strategien und wie sehen mögliche Reaktionen auf das eigene Angebot aus?
- Stellen sie eine Gefahr für das eigene Unternehmen dar?

Da die gewünschten Antworten meist nicht in der Zeitung stehen, und es sie im Allgemeinen auch nicht wie viele Marktzahlen zu kaufen gibt, sind Sie hier auf die eigene Findigkeit angewiesen. Häufig helfen eine sorgfältige Überprüfung der Produkte, ob zum Beispiel auf absolute Niedrigkosten hin konstruiert worden ist, Untersuchung der Verkaufsaktionen, der Rabattpolitik, der Werbung, Interviews mit Marktteilnehmern etc.

Gibt es Substitutangebote?

Gibt es außer dem direkten Wettbewerber noch Substitute?

Substitute sind Produkte, die den gleichen Zweck erfüllen, aber nach unterschiedlichen technischen Prinzipien arbeiten, zum Beispiel kann ein farbiges Fernsehbild mit einem LCD-Flachbildschirm oder einem herkömmlichen Monitor nach dem Prinzip der Braun'schen Röhre wiedergegeben werden. Die Frage ist nun:

- Gibt es für Ihr Produkt solche Substitute?
- Und wenn ja, welche Bedeutung haben sie im Markt mit Hinblick auf Ihr Angebot?

Auch hier gibt es, wie bei der Beurteilung der Wettbewerbssituation, kein Patentrezept zur Beantwortung der Fragen nach Stärken und Schwächen des Wettbewerbs sowie seiner möglichen Reaktionen auf Ihr Angebot.
Mit den gleichen Methoden wie bei den direkten Wettbewerbsprodukten sollte den Fragen genauso sorgfältig und mit kreativem Spürsinn nachgegangen werden.

Sortiment und Preisgestaltung: Wie gestalte ich mein Angebot?

In diesem Abschnitt des Business Plans wird die Ausgestaltung des Produktangebots festgelegt.
Nachdem wir den Markt segmentiert und den Wettbewerb genau untersucht haben, wollen wir jetzt zunächst einmal überlegen, mit welcher Strategie wir in den Markt gehen wollen oder können. Diese Strategie bestimmt letztendlich Aussehen, Ausstattung, Qualität, Preis und andere Faktoren unseres Angebots.
Zur endgültigen Entscheidung über die genaue Gestalt unseres Sortiments arbeiten wir Schritt für Schritt die folgenden Fragen ab.

- Mit welcher Strategie will ich den Markt bearbeiten?
- Welches genau definierte Produktsortiment will ich meinem Kundensegment verkaufen?
- Welche Vorteile bietet mein Angebot für den Endverbraucher und den Handel? Welche Wettbewerbsvorteile habe ich?
- Was ist meine Preisstrategie? Wo genau sollen die Preispunkte liegen?
- Wie sieht meine Produkt-Kalkulation aus? Wie hoch ist mein Deckungsbeitrag, und mit welcher Handelsmarge rechne ich?

Mit welcher Strategie will ich den Markt bearbeiten?

Aufgrund der Marktsegmentierung muss zunächst die Zielgruppe festgelegt werden, die man bedienen will:

- Sollen in meinem relevanten Markt alle Kundengruppen bedient werden oder nur Teile davon? Falls nur Teile, welche?

Zielgruppe festlegen

In diese grundlegende Entscheidung darüber, ob man regionaler, nationaler oder übernationaler Anbieter sein will, spielen auch Überlegungen der Machbarkeit und der eigenen Finanzkraft eine Rolle: Eine mittelständische Baufirma in Deutschland kann ihre Dienste von der technischen Seite her natürlich auch in Arabien anbieten – der Punkt ist nur, ob der Ertrag den Aufwand rechtfertigt. Eine andere Frage ist auch, ob das eigene Produkt oder die Dienstleistung für die gesamte Bevölkerung geeignet ist, oder nur für Teile davon.

Nachdem Sie die relevante Zielgruppe festgelegt haben, müssen Sie sich entscheiden:

- Will ich ein komplettes Sortiment anbieten oder beschränke ich mich auf Kernprodukte/Kerndienstleistungen daraus? Oder vielleicht auf spezielle Produkte, die sonst kaum jemand anbietet, weil der Markt eng ist?

Komplettanbieter oder Nischenprodukte?

Hier wird darüber entschieden, ob man zum Beispiel Vollsortimenter sein möchte mit der Strategie „alles aus einer Hand“ – was zahlreiche Vorzüge aufweist – oder Spezialist in einer Nische, was ebenfalls seine Vorteile haben kann, allerdings andere. Auch bei dieser Entscheidung spielen natürlich Fragen der eigenen technischen Möglichkeiten, der Finanzkraft und anderer Ressourcen eine wesentliche Rolle.

Wir haben nun geklärt, welche Kunden wir bedienen wollen, und ob unser Sortiment vollständig sein oder aus Nischenprodukten bestehen soll, und wenden uns der nächsten Grundsatzentscheidung zu:

- Will ich für meine Kunden das bestmögliche Angebot haben oder ist mein Hauptziel, mit niedrigen Kosten zu arbeiten?

Kostenführer oder Differenzierung?

Auch bei dieser Entscheidung, ob man in die Richtung „Kostenführerschaft“ oder „bestes Angebot der Branche“ gehen will – oder muss – spielen wieder finanzielle, technische und andere Überlegungen mit. Wesentlich ist hier aber, dass diese Entscheidung oft nicht mehr rückgängig gemacht werden kann, weil darauf die Unternehmenskultur, die internen Abläufe und die Organisation aufbauen.

Welche Entscheidungen können rückgängig gemacht werden?

Eine Entscheidung darüber, wo ich mein Angebot vertreibe, kann relativ leicht rückgängig gemacht werden. Wenn ich beschließe, außer in Deutschland auch in Frankreich zu verkaufen, kann ich das ohne weiteres bewerkstelligen – vorausgesetzt, die dazu nötigen finanziellen Mittel sind vorhanden. Auch die Umkehrung funktioniert, indem ich mich einfach wieder auf Deutschland beschränke.

Wenn ich von einem Nischenanbieter zu einem Vollsortimenter mutieren will, ist dies durch Ergänzung meines Angebots ohne weiteres möglich, wiederum die notwendige Finanzkraft vorausgesetzt. Auch mein Ansehen am Markt kann ich wahrscheinlich auf das erweiterte Sortiment übertragen, wenn ich die Positionierung geschickt wähle.

Die Umkehrung kann hier etwas schwieriger werden, wenn das Angebot über den Handel distribuiert wird. Mit abnehmendem Gesamtumsatz pro Händler bzw. Handelskette bin ich weniger interessant – aber auch das lässt sich meist regeln.

Ändere ich aber meine Strategie von der angestrebten oder erreichten Rolle des „Kostenführers“ in die, das „Beste Angebot der Branche“ haben zu wollen oder umgekehrt, muss ich die Unternehmenskultur ändern, das Denken in den Köpfen der Mitarbeiter. Der Koch aus der Kantine wird nicht ohne weiteres die Gäste eines Drei-Sterne-Restaurants zufrieden stellen können und der Drei-Sterne-Koch würde vermutlich für längere Zeit das Budget der Kantine überziehen.

Weitere Überlegungen zur einzuschlagenden Marketingstrategie hängen mit dem Reifegrad von Produkten und der Beziehung zwischen der Attraktivität eines Marktes und dem dort gehaltenen eigenen Marktanteil zusammen. Sie sind besonders wichtig bei bereits im Markt befindlichen Produkten und Angebotssortimenten.

Die Resultate der Überlegungen geben Ihnen Auskunft über etwa notwendige Relaunches oder darüber, in welche Teile des Sortiments Sie verstärkt Geld oder andere Ressourcen investieren sollten und welche Sie besser vom Markt nehmen.

Diese Themen werden im Abschnitt „Profitoptimierung: Konzentration auf lohnende Produkte“ dieses Buches dargestellt.

Mit welchem Produktsortiment gehe ich in den Markt?

Angebotssortiment auf Strategie abstimmen

Nachdem die Strategie, mit der der Markt bearbeitet werden soll, festgelegt ist, wird das Angebot von Produkten und Dienstleistungen entsprechend der Strategie zusammengestellt.

Dies geschieht am besten mit einer Liste oder Tabelle, die folgende Informationen enthält:

- Bezeichnung des Produkts oder der Dienstleistung
- Verkaufseinheiten für das Produkt (falls relevant)
- Herstellungskosten pro Einheit
  - Bei eigener Herstellung, möglichst unterteilt nach Materialkosten, Personalkosten und Fremdleistungen – oder noch detaillierter, wenn das in diesem Stadium des Business Plans schon möglich ist.
  - Wenn zugekauft wird, entsprechen die Herstellungskosten dem Einkaufspreis.

Herstellungskosten ermitteln

Im Fall der eigenen Herstellung ist es unter Umständen schwierig, die direkten Kosten einer Verkaufseinheit komplett zu ermitteln, zum Beispiel in vielen Handwerksbetrieben. Dann muss eine Hilfskonstruktion erdacht werden, in der nur ein Teil der bei der Erstellung der Verkaufseinheit anfallenden direkten Kosten zugeordnet wird, zum Beispiel der Materialeinsatz, und der Rest kommt in den großen Topf der indirekten Kosten.

Mehr zum Thema Herstellungskosten, Deckungsbeitrag, direkte und indirekte Kosten im entsprechenden Abschnitt dieses Buches.

Jedenfalls haben wir jetzt eine Liste unseres Sortiments komplett mit Herstellungskosten und wenden uns der Frage zu, wie wir unser Angebot vermarkten wollen.

Positionierung: Wo liegen die Vorteile meines Sortiments?

Ein Produkt oder Angebot zu positionieren heißt, es „richtig im Markt aufzustellen", sodass es den bestmöglichen Erfolg erzielen kann. Das bedeutet aber nichts anderes, als dass „seine vorteilhafte Position" allen Marktteilnehmern gegenüber dargestellt wird. Diese Marktteilnehmer sind

- Endverbraucher
- Handel (falls das Produkt über den Handel vertrieben wird)
- Wettbewerb

Im Business Plan geschieht dies mit drei Positionierungs-Statements (zwei bei Vertrieb ohne Handel). Sie sollten kurz, knapp und präzise sein, und möglichst in einem Satz das Wesentliche sagen.

- Die **Endverbraucher-Positionierung** beschreibt den Kundennutzen und ist die Basis für die werbliche Kommunikation mit dem Verbraucher. Versuchen Sie, einen USP herauszuarbeiten (USP heißt Unique Selling Proposition und bezeichnet eine einzigartige Verkaufseigenschaft des zu positionierenden Produkts.).
- In der **Handels-Positionierung** wird gesagt, warum der Handel gerade dieses Produkt in seine bereits überfüllten Regale nehmen sollte,
- und in der **Wettbewerbs-Positionierung** differenziert man das eigene Angebot von dem der Konkurrenz.

Zum Ausformulieren der Positionierungs-Statements ist vorher das genaue Herausarbeiten aller Vorteile des eigenen Angebots notwendig. Dies ist eine der wichtigsten Aufgaben, die für ein schlüssiges Marketingkonzept erledigt werden müssen.
Das Ergebnis dieser Arbeit sollte eine Ergänzung obiger Produktliste um sämtliche Vorteile des Angebots sein. Davon werden dann die Positionierungs-Statements gegenüber Endverbraucher, Handel und Wettbewerb abgeleitet.

Positionieren von Produkten

Endverbraucher-Positionierung

Formulieren Sie möglichst in einem einzigen Satz, warum der Kunde gerade Ihr Produkt kaufen sollte und nicht das der Konkurrenz.

Worin liegt der Vorteil Ihres Produkts – hat es einen höheren Funktionsnutzen? Ist es emotional besser? Kostet es weniger bei gleicher Leistung? Was ist es?

Versuchen Sie, in der Argumentation für Ihr Produkt eine für den Kunden wesentliche Einzigartigkeit herauszuarbeiten, einen USP.

Die Endverbraucher-Positionierung ist Basis der Werbeaussagen für Ihr Produkt, der Kommunikation für den Endverbraucher.

Handels-Positionierung

(nur notwendig, wenn Sie den Handel als Absatzmittler benutzen)

Formulieren Sie ebenfalls in einem Satz, warum der Handel gerade Ihr Produkt in seinen beschränkten Regalplatz aufnehmen sollte.

Was ist der Vorteil für den Handel?

Den Handel interessieren Umschlagshäufigkeit, erzielbare Margen und die Unterstützung, die er von Ihnen außer günstigen Konditionen noch erhält, zum Beispiel Promotions, Werbezuschüsse, Werbedamen oder auch allgemeine Werbung.

Wollen Sie über den gesamten Handel distribuieren, oder nur in einigen Zweigen?

Die Handels-Positionierung ist Basis für Ihre Listungsgespräche.

Wettbewerbs-Positionierung

Legen Sie in einem Satz fest, was die Position Ihres Produkts gegenüber dem Wettbewerb in Ihrem Segment sein soll.

Ist es Kostenführer?

Ist es besser, und gegebenenfalls in welchen Punkten?

Listen Sie die Vorzüge gegen alle relevanten Wettbewerber auf.

Die Wettbewerbs-Positionierung ist Basis für Ihre Produktpolitik.

Experten-Tipp

Untersuchen der Wettbewerbsprodukte

Um Ihr Produkt oder Ihre Dienstleistung in Beziehung zum Angebot der Konkurrenz richtig einordnen zu können, ist es fast unabdingbar, die Wettbewerbsprodukte genauestens zu analysieren.

Dazu beschafft man sich zunächst das Wettbewerbsprodukt oder nimmt die Dienstleistung in Anspruch, soweit möglich. Produkte probiert man dann aus, Geräte nimmt man auseinander, chemische Produkte sollte man analysieren, Dienstleistungen auf Funktion, Ausführung und Nutzen überprüfen.

Stellen Sie Vorzüge des eigenen Angebots denen des Wettbewerbs gegenüber – ebenso die Schwächen.

Der erarbeitete Wettbewerbsvergleich hilft bei der Positionierung, erkannte Defizite geben Hinweise für die Weiterentwicklung des eigenen Angebots.

Welche Preisstrategie wird verfolgt?

Bevor die konkreten Abgabepreise festgelegt werden, muss man sich klar werden, welche Preisstrategie mit dem eigenen Angebot im Rahmen der Gesamtstrategie verfolgt wird. Sie haben prinzipiell die Wahl zwischen zwei Möglichkeiten:

- der Penetrationsstrategie
- oder der Abschöpfungsstrategie.

Marktanteil gewinnen oder Profit optimieren?

Die Penetrationsstrategie hat die Erhöhung des Marktanteils mithilfe der Preispolitik zum Ziel. Es ist eine aggressive Strategie, weil sie auf Verdrängung des Wettbewerbs abzielt. Penetrationsstrategien gehen häufig mit Kostenführerstrategien zusammen und erfordern meist hohe Investitionen, die wegen der niedrigeren Preispunkte dann längere Payback-Perioden haben.
Die Abschöpfungsstrategie zielt auf Optimierung des Profits pro verkaufter Einheit und weniger auf Maximierung des Marktanteils. Junge Unternehmen verfolgen meist eine Abschöpfungsstrategie, da die Newcomer sich im Allgemeinen zuerst etablieren und den Cash Flow sichern wollen.
Die Wahl der Preisstrategie sollte sorgfältig überlegt und dann konsequent durchgeführt werden. Dies wird leider nicht immer gemacht, ebenso wie bei der Auswahl der Wettbewerbsstrategie.

Wo genau sollen die Preispunkte sein?

Nach Entscheidung über die grundsätzlich zu verfolgende Preispolitik müssen Sie dann in Übereinstimmung dazu die exakten Preispunkte für jedes Produkt Ihres Angebots festlegen. Folgende Faktoren spielen dabei eine Rolle:

- Welchen Preis ist der Kunde vermutlich bereit zu zahlen?

Kunden, Handel und Wettbewerb berücksichtigen

Anhaltspunkte dafür geben Preise für Wettbewerbsprodukte. Darüber können Sie sich im Handel selbst informieren (was aber meist nicht repräsentativ ist), sich vom Wettbewerb ein Angebot machen lassen (aber besser anonym, da Sie sonst keinen „richtigen" Preis erhalten), eine Dienstleistung selbst in Anspruch nehmen oder ein Marktforschungsinstitut beauftragen, die Preise herauszufinden. Für manche Branchen können Sie die Zahlen auch kaufen.

- Welche Marge beansprucht der Handel und welche Marge wird ihm vom Wettbewerb gegeben?

Hier wird es schon schwieriger, aber Auskünfte erhalten Sie in den Einkaufsabteilungen des Handels. Dazu müssen Sie aber selbst hingehen und ein Verkaufsgespräch führen. Dann erhalten Sie Margenvorstellungen des Handels.

Handelsmarge und Aufschlag

Im Handel arbeitet man manchmal mit Margen und manchmal mit Aufschlägen. Der Unterschied ist folgender:
Bei der Marge rechnet man von „oben nach unten“, das heißt man zieht den Einkaufspreis vom Verkaufspreis ab und hat die Marge in Euro/Stück. Die Marge in Prozent vom Verkaufspreis ergibt sich dann aus dem Quotienten von „Marge in Euro/Stück“ und „Verkaufspreis in Euro/Stück“, multipliziert mit 100. Ist im Verkaufspreis die Mehrwertsteuer enthalten, spricht man von der „Bruttomarge“.

Psychologische Preispunkte

Beim Aufschlag geht man von „unten nach oben“ vor. Man nimmt den Einkaufspreis, addiert den gewünschten oder vorgegebenen Aufschlag in Prozent und erhält so den Verkaufspreis, im Allgemeinen inklusive Mehrwertsteuer. Der Handel geht dann noch einen zweiten Schritt, indem er den gefundenen Verkaufspreis auf einen „psychologischen Preispunkt“ auf- oder abrundet.

Praxis-Beispiel

Handelsmarge und Aufschlag

Karl Kirschbaum hat einen Fachhandel für Gartenbedarf. Von der *Strauch & Rasen AG*, einem Hersteller von Gartengeräten, erhält er ein Angebot für elektrische Heckenscheren zu 87 Euro/Stück, nach Abzug aller Konditionen.

Normalerweise kalkuliert Karl Kirschbaum mit einem Aufschlag von 50 Prozent inkl. MwSt. auf den Einkaufspreis. Da gerade Saison ist, möchte er das Geschäft mit Gartengeräten forcieren und es deswegen mit einem 40er Aufschlag probieren.

Er rechnet: 87 Euro + 40 % Aufschlag würde einen Endverbraucherpreis von 121,80 Euro ergeben. Da das „kein Preis" ist, beschließt er, die Heckenscheren in seinem Geschäft mit 119,00 Euro inkl. MwSt. auszuzeichnen. Er berechnet dann

seine Bruttomarge in Euro mit:	119 € – 87 € = 32 €,
seine Bruttomarge in % mit:	32 € / 119 € × 100 = 26,9 %,
und den Aufschlag in % mit:	32 € / 87 € × 100 = 36,8 %.

Eine weitere Informationsquelle sind Preislisten des Wettbewerbs. Sie enthalten die Fabrikabgabepreise, allerdings nicht die dem Handel gewährten Konditionen. Diese können Sie aber schätzen, wenn Sie die gewonnenen Informationen aus den Margenvorstellungen des Handels in Beziehung setzen zu den Fabrikabgabepreisen aus den Preislisten.

Wettbewerbspreise wichtig für Preisfindung

Damit haben wir auch Informationen gewonnen über die Nettoabgabepreise der Konkurrenz und für den nächsten Einflussfaktor für unsere Preisfindung:

- Was sind die Nettoabgabepreise des Wettbewerbs?

Im Falle von Handelsprodukten haben wir uns eben überlegt, wie man an solche Informationen herankommt. Im Fall direkt vertriebener Produkte ist die Antwort auf diese Frage identisch mit der Antwort auf die Frage nach dem Endverbraucherpreis.

Nach diesen Untersuchungen sollten Sie eine ungefähre Vorstellung von den verschiedenen Preisen im Markt haben und ein Gefühl dafür entwickelt haben, wo die eigenen Preispunkte liegen könnten. Das heißt aber, dass wir die Kernfrage dieses Abschnitts beantworten können:

- Wo sollen die genauen Preispunkte für unser Angebotssortiment in Übereinstimmung mit der Preisstrategie liegen?

Da wir schon bei der Planung des Sortiments die Herstellkosten kalkuliert haben, können wir auch folgender Frage direkt nachgehen:

- Sind die mit den ausgewählten Preisen zu erwirtschaftenden Deckungsbeiträge für uns ausreichend?

Endgültig kann diese Frage natürlich erst nach der Mengenplanung beantwortet werden, aber in den meisten Fällen weiß man, welcher Deckungsbeitrag in Prozent vom Nettoumsatz pro Einheit ausreichend ist und welcher nicht.

Preise gegen Deckungsbeiträge checken

Ist man mit dem Ergebnis zufrieden, ist die Preisfindung abgeschlossen. Wenn nicht, müssen die Preispunkte neu überlegt werden, und ob man mit dem neuen Deckungsbeitrag zufrieden ist.

To Do

Finden der Preispunkte

Füllen Sie nachfolgende Tabelle möglichst komplett aus. Die hier eingefügten Zahlen dienen lediglich als Beispiel, Sie müssen Ihre eigenen Herstellungskosten und die gefundenen Wettbewerbsinformationen einsetzen. Dann setzen Sie die eigenen Preispunkte fest.

Für die Beispielzahlen gehen wir von folgendem Szenario aus:

Hugo Hirsch ist bei der *Strauch & Rasen AG* Product Manager für die Heckenscheren aus dem Beispiel „Handelsmarge und Aufschlag". Er besucht Händler Karl Kirschbaum und weil er ihn gut kennt, erhält er von ihm nicht nur Informationen zu dessen Margenpolitik, sondern auch zu Nettoverkaufspreisen des Wettbewerbs.

Mit diesen Informationen fährt Hugo Hirsch in sein Büro zurück. Dort fügt er noch die eigenen Herstellkosten ein und erhält diesen Wettbewerbs-Preisüberblick.

Werte in Euro	Eigenes Produkt	Wettbewerbsprodukt 1	Wettbewerbsprodukt 2
Endverbraucherpreis/ Einheit inkl. MwSt.	119,00	139,00	139,00
Handelsmarge/Einheit	32,00	46,00	47,50
Handelsaufschlag in %	36,8 %	49,5 %	51,9 %
Nettoabgabepreis/ Einheit ohne MwSt.	87,00	93,00	91,50
Herstellkosten/Einheit	46,50		
Deckungsbeitrag/Einheit	40,50		
Deckungsbeitrag in %	46,6 %		

In der Realität würde Hugo Hirsch natürlich Informationen aus einem möglichst repräsentativen Händlerfeld verwenden wollen. ◂

Wie will ich mein Angebot verkaufen und wie informiere ich meine Kunden?

Vertriebskanal wählen

Hier muss zunächst festgelegt werden, über welchen Vertriebskanal das Produkt den Kunden erreichen soll. Dazu einige Möglichkeiten:

- Direktvertrieb zum Endverbraucher?
- Einstufiger oder mehrstufiger Handel?
- Eigene Geschäfte?
- Eigener Außendienst oder Handelsvertreter?
- Oder gar kein Außendienst?

Wie lernt der Verbraucher mein Angebot kennen?

Danach geht man der Frage nach, wie mit dem Verbraucher kommuniziert werden soll. Er muss ja das Angebot zunächst einmal kennen lernen, bevor er es in seine Kaufentscheidung einbeziehen kann.
Die Kommunikation kann auf vielen unterschiedlichen Wegen erfolgen, auch hier wieder eine kleine Auswahl von Möglichkeiten. Meist wird ein Mix verschiedener Wege gewählt.

- Klassische Medien: Zeitungen, Zeitschriften, TV, Radio, Billboards, Kino, …
- Direktmarketing: Direct Mails, Call Center, Internet
- Messen, Kundenbesuche durch Außendienst, PR-Artikel

Verkaufsplanung: Wie viel kann ich verkaufen?

Die Verkaufserwartungen des Unternehmens sollten Sie jetzt in einem Verkaufsplan konkretisieren.

Verkäufe realistisch planen

Die Verkaufsplanung (Sales Forecast) hat dominanten Einfluss sowohl auf die Produkt-Kalkulation und den Finanzplan als auch auf die Organisations- und Ablaufplanung. Sie ist die Grundlage für die gesamte Planung und Bereitstellung materieller, finanzieller und personeller Ressourcen des Unternehmens. Deshalb sollten Sie sie so realistisch wie möglich erstellen.
Auch hier kommt es im Rahmen des Business Plans mehr auf die Größenordnung und Besonderheiten im Verlauf der Verkäufe an – zum Beispiel 50 Prozent des Jahresumsatzes im Weihnachtsgeschäft – als auf die dritte Stelle nach dem Komma.
Eine zu optimistische Verkaufsplanung führt zu überhöhten Kosten, möglicherweise zu Verlusten, eine zu niedrige Sales Forecast zu Lieferengpässen und im Extremfall zu nachfolgendem Kundenverlust.

Werbebudget festlegen

In diesem Rahmen, parallel zur Verkaufsplanung, sollten Sie auch das Marketing-Budget für Werbung, Sales Promotion (Verkaufsförderung) und

Marktforschung festlegen – zunächst aber nur global. Über die Einzelheiten wird dann im Rahmen des detaillierten Marketing Plans entschieden.

To Do

Wie kann ich meine zukünftigen Verkäufe planen?

Für die Verkaufsplanung zum Beispiel des nächsten Geschäftsjahres gibt es einige Anhaltspunkte:

- Die Verkäufe des kompletten letzten Geschäftsjahres
- Die Verkäufe des laufenden Geschäftsjahres
- Die Marktgröße und der eigene Marktanteil
- Das Marktwachstum (muss geschätzt werden)
- Die Markteinführung neuer wesentlicher Produkte – eigener und des Wettbewerbs; Kannibalisierungseffekte müssen dabei mit berücksichtigt werden.
- Das Einstellen von Produkten (das heißt, sie vom Markt zu nehmen)
- Gewinn und Verlust von Schlüsselkunden

Da niemand die Zukunft vorhersagen kann, Sie aber trotzdem planen müssen: Bauen Sie auf diesen Anhaltspunkten auf, setzen Sie ein realistisches Ziel für das nächste Geschäftsjahr, zum Beispiel ein Plus von zehn Prozent.

Untermauern Sie dieses Ziel durch Planung von Aktivitäten:

- Welche neuen Kunden können wie gewonnen werden?
- Kann bei bestehenden Kunden mehr verkauft werden und wie?
- Welche Neuprodukte können eingeführt werden?
- Welche Verkaufsaktionen können durchgeführt werden?
- Welche werblichen Maßnahmen müssen durchgeführt werden, um all diese Aktivitäten zur richtigen Wirkung zu bringen?
- Gibt es weitere Möglichkeiten, um mehr zu verkaufen?

Schätzen Sie dann die Kosten dieser Aktivitäten und legen Sie ein Werbebudget fest.

Bei einer Unternehmensneugründung gibt es solche Anhaltspunkte im Allgemeinen nicht oder nur teilweise, zum Beispiel Marktgröße und Marktwachstum.

Da aber auch hier geplant werden muss, haben Sie als Gründer nur die Möglichkeit, ein glaubwürdiges Ziel für Ihre Verkäufe zu setzen und es durch entsprechende Aktivitäten abzusichern – ähnlich wie im Fall des laufenden Geschäfts.

Umsatzplanung: Wert oder Menge mal Preis?

Wir haben uns eben überlegt, auf welchen Basisinformationen wir eine Planung unserer Verkäufe aufbauen können. Wie können wir diese Überlegungen nun konkretisieren? Welche Möglichkeiten haben wir in unterschiedlichen Branchen, um zu einer aussagekräftigen Verkaufsplanung zu kommen? Wie detailliert soll oder kann diese Planung sein? Solchen und ähnlichen Fragen wollen wir in diesem Abschnitt nachgehen.

Absatz und Umsatz

Sie können Verkäufe grundsätzlich auf zwei Arten planen: nach Menge oder nach Wert. Bei der Planung nach Menge spricht man von einem Absatzplan, bei Planung nach Wert von einem Umsatzplan. Um vom Absatz zum Umsatz zu kommen, werden die verkauften Einheiten mit ihrem Preis multipliziert.

Einen Umsatzplan benötigen wir immer, weil wir mit Geld wirtschaften:

Immer Umsatzplan erstellen

Wir müssen Bilanzen erstellen, Gehälter und Rechnungen bezahlen, Investitionen durchführen. Die Planung der Einnahmen ist die Grundlage dafür. Wozu brauchen wir dann überhaupt einen Absatzplan?

Absatzplan nicht immer nötig, aber viele Vorteile

Absolut notwendig ist er natürlich nicht. Sie können durchaus ohne ihn auskommen und in vielen Fällen müssen Sie das auch, weil Sie einen Absatzplan gar nicht aufstellen können. In anderen Fällen ist es wiederum nicht sinnvoll, ihn aufzustellen, oder zu aufwendig.

Ein Absatzplan hat aber viele Vorteile, und wann immer Sie ihn mit vertretbarem Aufwand aufstellen können, sollten Sie es tun.

- Ein vorliegender Absatzplan macht die Anfertigung des Umsatzplans leichter, da die Stückzahlen nur noch mit den Preisen zu multiplizieren sind, um zum Umsatz zu kommen.
- Realistischerweise zu verkaufende Stückzahlen sind gefühlsmäßig leichter zu schätzen als „Umsätze zu verkaufen“.

Logistik, Produktionsplanung

- Ein Absatzplan sagt aus, wie viele Einheiten eines Produkts oder einer Dienstleistung verkauft werden. Er gibt damit Hinweise für Logistik und Produktionsplanung.
- Der Absatzplan ist unabhängig von marginalen Preisschwankungen, ein kurzfristig gewährter Sonder-Rabatt wird seine Struktur nicht verän-

dern. (Eine Verschiebung der strategischen Preispunkte natürlich schon, weil das Produkt sich dann in einer anderen Kategorie befindet.)

Steuerung des Geschäfts

- Die Steuerung des Geschäfts ist einfacher, wenn zum Umsatzplan zusätzlich ein Absatzplan vorliegt. Auswirkungen eigener Verkaufsaktivitäten oder marktbedingte Änderungen der Geschäftsstruktur lassen sich leichter analysieren, wenn außer dem Umsatz Informationen zu Mengen und Preisen vorliegen.

Wo kann man nun außer dem Umsatz auch den Absatz sinnvoll planen? Dieser Frage gehen wir anhand einiger Beispiele nach.

Planung bei einem Ein-Produkt-Unternehmen (Hersteller)

Unter „Produkt“ wollen wir hier ein „echtes“ Produkt verstehen, keine Dienstleistung. Auf diese kommen wir anschließend.

Am einfachsten ist die Planung von Umsatz und Absatz, sagen wir des nächsten Geschäftsjahres, für einen schon länger am Markt befindlichen Hersteller, der nur ein Produkt herstellt und vertreibt.

Beginnen Sie den Planungsprozess mit dem Festlegen des Jahresabsatzziels auf Basis unserer im vorigen Kapitel gemachten Überlegungen zur Verkaufsplanung.

Brechen Sie dieses Ziel unter Berücksichtigung der geplanten Aktivitäten auf die einzelnen Monate herunter und der Absatzplan ist fertig. Durch Multiplikation der Absatzzahlen für die einzelnen Monate mit dem Nettoverkaufspreis ergibt sich daraus der Umsatzplan.

Das schauen wir uns an einem Beispiel an.

Praxis-Beispiel

Hugo Hirsch plant Umsatz und Absatz für Heckenscheren

Hugo Hirsch hat im letzten kompletten Geschäftsjahr 9.187 Heckenscheren verkauft, mit einem durchschnittlichen Nettoverkaufspreis von 89 Euro. Im laufenden Jahr liegt er vier Prozent über dem Vorjahr. Er nimmt an, dass er in diesem Jahr 9.500–9.600 Heckenscheren verkaufen wird.

Für das folgende Jahr will er wieder eine Steigerung von vier Prozent erreichen. Er setzt deshalb sein Verkaufsziel auf 10.000 Heckenscheren fest. Zur Sicherung seines Absatzziels plant er zwei besondere Verkaufsaktivitäten:

Einmal vor Beginn der Gartensaison im März/April. Dafür muss er im Februar/März den Handel mit einer überdurchschnittlichen Stückzahl beliefern.

Die zweite Aktion ist für den September/Oktober geplant. Dann findet die Vorbereitung der Gärten auf den Winter statt und es wird mehr Produkt vom Handel abfließen, sodass dieser von sich aus nachordert.

Diese Orders plant Hugo Hirsch zusätzlich zu erhöhen. Mit dem Argument „Rechtzeitige Bevorratung für die nächste Frühjahrssaison" will er dem Handel deutlich längere Zahlungsziele einräumen. Damit hätte er seinen Umsatz in der Tasche und die Lager des Handels wären mit seinen Heckenscheren gefüllt, bevor die Konkurrenz auf den Plan tritt.

Zur Unterstützung dieser Aktivitäten plant Hugo Hirsch ein Budget von acht Prozent des Jahresumsatzes ein, die er schwerpunktmäßig auf die Aktionsmonate verteilt. Hugo Hirsch schließt seine Überlegungen mit einem konkreten Plan für Absatz, Umsatz und Budget ab. Dabei geht er von einem durchschnittlichen Verkaufspreis von 89 Euro aus.

	Jan	Feb	Mrz	Apr	Mai	Jun	Jul	Aug	Sep	Okt	Nov	Dez	Jahr
Absatz Stück	400	1.200	1.500	900	800	700	500	600	1.300	1.200	500	400	10.000
Umsatz T Euro	36	107	134	80	71	62	45	53	116	107	45	36	892
Budget T Euro		10	20	10					20	15			75

Hugo Hirsch hat nun eine detaillierte Planung, nach der er vorgehen kann. Er hat aber noch viel mehr, nämlich die Grundlage für ein Controlling System: Monat für Monat kann er einen Soll-Ist-Vergleich der Stückzahlen, der Umsätze, der erzielten Durchschnittspreise und, wenn er das will, auch des Budgets vornehmen. Darauf aufbauend, kann er bei allzu großen Planabweichungen die Ursachen analysieren und sich überlegen, was er noch tun kann, um den Plan zu erfüllen.

Das könnte er nicht, wenn er zum Beispiel nur das grobe Ziel gesetzt hätte, 10.000 Heckenscheren zu verkaufen oder mit Heckenscheren einen Umsatz von X zu erzielen.

Er könnte es allerdings auch nicht, wenn er zu seinem detaillierten Plan nicht ein ebenso detailliertes Controlling System hätte. ◂

Andere Unternehmen

Wie können Sie bei der Planung vorgehen, wenn Sie nicht Hersteller eines „echten“ Produkts sind?

- Einen Händler mit nur einem Artikel im Angebot wird es vermutlich nicht geben, aber er könnte wie Hugo Hirsch vorgehen. Nur, dass er den Artikel nicht selbst herstellt, sondern von einem Hersteller oder Grossisten zukauft.
  Erweitert er sein Angebot, kann er nach der gleichen Methode vorgehen, solange das Sortiment überschaubar bleibt. Ansonsten kann er nur nach Wert planen und möglicherweise sein Sortiment in Warengruppen einteilen. Dazu siehe auch das Beispiel „Bäckerei“ im nächsten Kapitel.
- Ein Handwerker, sagen wir ein Maler, könnte sein Geschäft in Stunden planen oder laufenden m^2 und hätte seinen Absatzplan. Wenn er erwartet, Aufträge unterschiedlicher Natur durchzuführen, zum Beispiel allgemeine Renovierungen nach Stunden, Tapezieren und Anstreichen nach laufenden m^2, könnte er diese drei Typen von Dienstleistungen separat planen und wieder hätte er seinen Absatzplan. Nach Multiplikation mit dem Preis wird daraus der Umsatzplan. Um die darin festgelegte Zielsetzung zu erfüllen, muss er natürlich entsprechend akquirieren.
- Ein Konstruktionsbüro kann seinen Absatz in Konstrukteursstunden planen und erhält nach Multiplikation mit dem Stundensatz den Umsatz.
- Eine Baufirma stellt nur ein Produkt her, nämlich Bauten. Wenn diese aber alle unterschiedlich sind, ist es kein Ein-Produkt-Unternehmen mehr, sondern eines, bei dem jedes Produkt einzeln geplant werden muss. Wenn es nicht gelingt, diese unterschiedlichen Bauten auf irgendeine Art zu kategorisieren und in „Produkttypen“ einzuteilen, kann eine sinnvolle Absatzplanung in Stück nicht mehr durchgeführt werden. Es kann nur nach Wert geplant, ein Umsatzziel festgelegt und entsprechend akquiriert werden.

Dienstleistung als ein in Stück planbares Produkt festlegen!

An diesen Beispielen sehen wir zweierlei: Einmal, dass auch eine Dienstleistung als ein in Stück planbares Produkt festgelegt werden kann; und zum anderen, dass eine Planung der zu verkaufenden Stückzahlen immer dann möglich ist, wenn die Anzahl der zu planenden Produkte überschaubar bleibt.
Die Planung kann dann ähnlich zu der im Beispiel „Heckenscheren“ durchgeführt werden.

Mehr-Produkt-Unternehmen

Wir verlassen jetzt die Planung bei Ein-Produkt-Unternehmen (korrekter: Wenig-Produkt-Unternehmen) und wenden uns solchen Unternehmen zu, die mehrere bzw. viele Produkte in ihrem Angebotssortiment haben.

Der Aufwand für die Absatzplanung wächst in gleichem Maße wie die Anzahl der zu planenden Artikel. Damit der für eine detaillierte Absatzplanung betriebene Aufwand gerechtfertigt wird, müssen zunächst einmal Umsatz und Profit aus dem geplanten Artikel genügend hoch sein und zum anderen muss das Ist-Geschäft im gleichen Detaillierungsgrad erfasst werden.

Wann ist Absatzplanung sinnvoll?

Es kann sinnvoll sein, bei der Planung einen solchen oder noch größeren Aufwand durchzuführen wie im Beispiel für die Heckenscheren, zum Beispiel im Fall eines Chemiekonzerns mit vielen Produkten und Milliarden Euro Umsatz.

Es ist sicher nicht sinnvoll bei einem Kleinunternehmen mit breit gestreuter Angebotspalette, in der jeder Artikel nur wenig Umsatz macht.

Um trotzdem zu einer Umsatzplanung zu kommen, wählt man einen Weg ähnlich unserem Beispiel von Handelsmarge und Aufschlag.

Welche Grundlagen haben wir in diesem Stadium unseres Business Plans, um eine Planung des Geschäftes vornehmen zu können?

- Zunächst einmal liegt eine komplette (in diesem Fall lange) Liste der zu verkaufenden Artikel vor.
- Diese Liste enthält pro Artikel die zugeordneten direkten Kosten. Das können, wie oben erwähnt, die kompletten Herstellungskosten sein, der Einkaufspreis oder auch nur der Materialeinsatz. (Siehe dazu auch den Abschnitt „Deckungsbeitrag, direkte und indirekte Kosten“.)
- Die Preispunkte pro Artikel sind ebenfalls festgelegt und damit stehen auch Aufschlag bzw. Marge fest.
- Um die Vielzahl der Artikel in den Griff zu bekommen, teilt man sie in Warengruppen ein, die ungefähr die gleiche Marge haben, und vergibt an jede Warengruppe eine Durchschnittsmarge, die in etwa den Werten der Vergangenheit entspricht. Die Durchschnittsmarge wird später zur Ermittlung des Deckungsbeitrags benötigt und dient der Geschäftssteuerung. Idealerweise umfasst eine Warengruppe einander ähnliche Artikel.
- Nach den Prinzipien des Abschnitts „Wie viel kann ich verkaufen?“ wird dann der Umsatz geplant.

Wir sehen uns dies an einem Beispiel an.

Matthias Mehrkorn plant seine Bäckerei

Matthias Mehrkorn plant das nächste Geschäftsjahr für das Stammhaus seiner Bäckerei (nicht die Filiale im Beispiel der Ausgangssituation mit den dramatischen Kundenwanderungen). Im Stammhaus in Citylage hat er seit Jahren eine ähnlich zusammengesetzte Kundschaft, deren Kaufgewohnheiten mit dem allgemeinen Trend der Zeit gehen, wie seine Produkte.

Er fasst seine Vielzahl von Artikeln in drei Warengruppen zusammen: Brot und Brötchen (W1), einfache Kuchen und Torten (W2) sowie Zukaufsartikel (W3). Diese Warengruppen haben jeweils zusammenpassende Aufschläge auf den Wareneinsatz bzw. auf den Einkaufspreis bei den zugekauften Artikeln.

Er plant sein Geschäft quartalsweise in T Euro für seine drei Warengruppen. Als Ausgangspunkt nimmt er den Umsatz des letzten Jahres, 770 T Euro. In diesem Jahr wird er vermutlich bei etwas über 780 T Euro landen und möchte im nächsten Jahr 800 T Euro erzielen.

Werte in T Euro	Q1	Q2	Q3	Q4	Jahr
W1	100	100	95	100	395
W2	70	90	60	110	330
W3	20	20	15	20	75
Gesamt	190	210	170	230	800

Sein Geschäft verläuft relativ gleichmäßig, er verkauft aber in Q2 und Q4 mehr Torten und Kuchen wegen der zahlreichen Feiertage und in Q3 generell weniger wegen der Urlaubssaison. ◂

Wir haben uns bis jetzt immer mit der Gesamtplanung für ein Unternehmen befasst, mit dem einzigen Unterschied, dass es sich einmal um Ein-Produkt-Unternehmen gehandelt hat, das andere Mal um ein Unternehmen mit umfangreichem Sortiment.

Wie gehen Sie am besten vor, wenn Sie unterschiedliche Unternehmensbereiche getrennt planen wollen, zum Beispiel mehrere Filialen, Umsätze in verschiedenen Ländern oder Profit Centern?

Dazu legen Sie praktischerweise zunächst die Umsatzstruktur fest – wie detailliert die Umsätze geplant werden sollen. Sinnvollerweise sollte die Umsatzstruktur nur so weit heruntergebrochen werden, wie auch die Ist-Zahlen erfasst und die direkten Kosten ermittelt werden können. Am besten geschieht dies mit einer Graphik wie unten.

Umsatzstruktur so festlegen, wie die Zahlen erfasst werden

In der Graphik sehen wir die Umsatzstruktur eines Unternehmens, das auf zwei Märkten tätig ist. Von Produktgruppe 1 werden im Markt 1 die Produkte 1 und 3 verkauft, in Markt 2 aufgrund des unterschiedlichen Käuferverhaltens die Produkte 1, 2 und 3. Produktgruppe 2 wird nur in Markt 1 angeboten und besteht aus den Produkten 4 und 5. Die Graphik kann beliebig variiert werden.

Umsatzstruktur

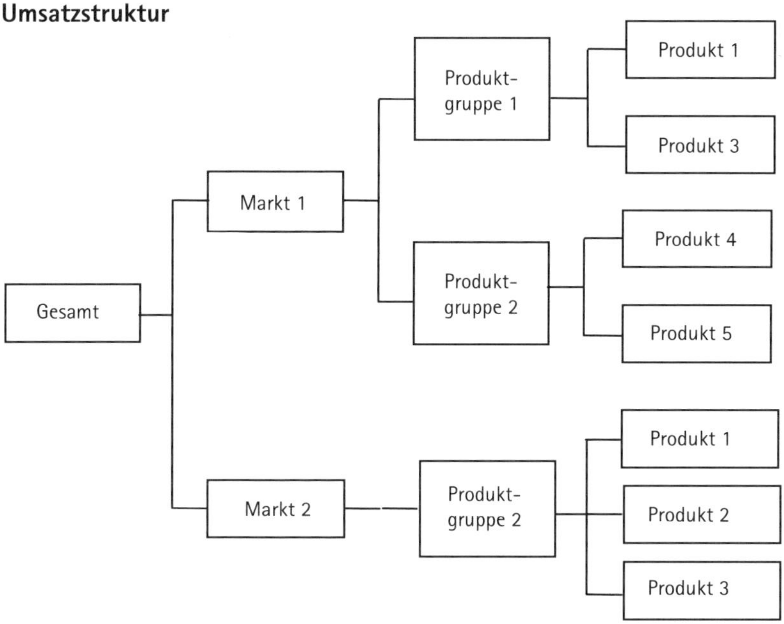

Entsprechend der Struktur werden die Umsatzpläne erstellt. Das Endergebnis ist ein Plan sowohl für das gesamte Unternehmen als auch die einzelnen Märkte, Produktgruppen und Produkte. Mit diesem Ansatz gehen wir in die Planung der Bäckerei Mehrkorn.

Praxis-Beispiel

Die Umsatzstruktur der Bäckerei Mehrkorn

Matthias Mehrkorn hat außer dem Stammhaus in der City noch die Filiale an der Klinik, für die er eine Neuausrichtung plant. Außer den traditionellen Warengruppen W1 bis W3 plant er dort die Einführung einer zusätzlichen Warengruppe W4, die aus vor Ort zu verzehrenden Pasteten, Quiches und anderen Leckereien besteht. Die Umsatzstruktur seines Gesamtunternehmens würde dann so aussehen:

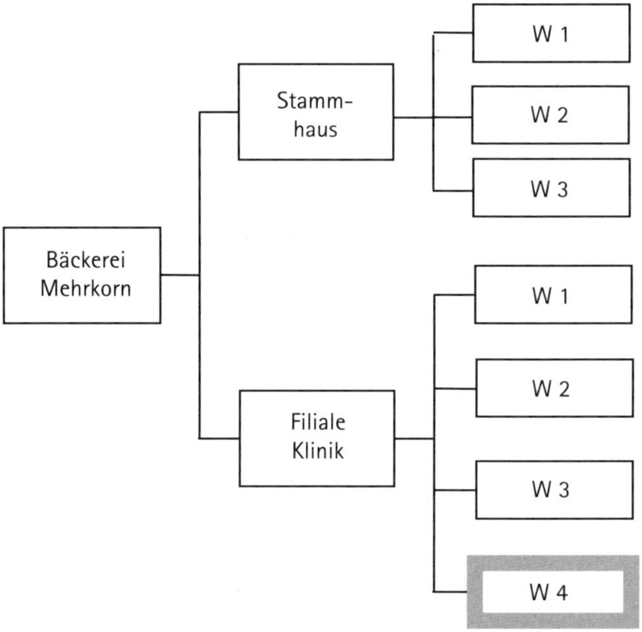

Die Planung der Bäckerei Mehrkorn würde nun getrennt nach Stammhaus und Filiale für die einzelnen Warengruppen durchgeführt und in einer Gesamtplanung zusammengefasst werden. ◂

Das Festlegen der Umsatzstruktur und die Planungen in anderen Branchen würden nach dem gleichen Muster durchgeführt.

Für unseren Business Plan hätten wir nun mit Planung von Absatz und Umsatz sowie Kenntnis der Herstellungskosten und Deckungsbeiträge das Marketingkonzept abgeschlossen.

Da Deckungsbeitrag und Herstellungskosten aber eine so überaus wichtige Rolle in der Steuerung des Geschäfts spielen, wollen wir uns mit diesem Thema und seinem Umfeld noch etwas beschäftigen

Direkte und indirekte Kosten

International dominante Methode

Das Prinzip der Kostenaufteilung in „direkte Kosten“ und „indirekte Kosten“ ist in deutschen Firmen und der deutschen Literatur leider noch nicht überall verbreitet, international jedoch die dominante Methode, insbesondere bei Unternehmen aus dem angelsächsischen Raum. Es besticht durch seine Unkompliziertheit und einfache Anwendung.

Das Prinzip besteht im Wesentlichen darin, dass

- die „direkten Kosten“ jedes Produkts (Kostenträgers) alle Kosten umfassen, die für dessen Herstellung notwendig sind und einfach und eindeutig „direkt“ zugeordnet werden können;
- die „indirekten Kosten“ eines Unternehmens aus allen anderen Kosten bestehen, nämlich denjenigen, die keinem Kostenträger einfach und eindeutig direkt zugeordnet werden können;
- Schlüsselungen im Allgemeinen vermieden werden.

Da direkte Kosten mit der Herstellung von Produkten verbunden sind, fallen sie auch nur dann an, wenn produziert wird. Die indirekten Kosten dagegen fallen immer an – unabhängig davon, ob produziert wird oder nicht. Insofern besteht eine gewisse Ähnlichkeit mit dem System der Aufteilung in variable und fixe Kosten. Auf den kleinen, aber feinen Unterschied kommen wir noch. Aber schauen wir uns jetzt die direkten Kosten näher an.

Direkte Kosten

Die direkten Kosten werden meist in drei Rubriken unterteilt:

- Material
- Personal
- Fremdleistungen

Praxis-Beispiel

Direkte Kosten bei der *Strauch & Rasen AG*

Die *Strauch & Rasen AG* produziert und vertreibt zwei Produkte: Heckenscheren und Rasenmäher.

Die direkten Kosten für Heckenscheren setzen sich zunächst zusammen aus den für eine Heckenschere notwendigen Einzelteilen, die von *Strauch & Rasen* zugekauft werden:

Motor, Getriebeteile, Gehäuse, Schneidblätter, Anschlusskabel und Schalter. Das sind die Materialkosten.

Die Heckenscheren müssen montiert werden: Die Montagezeit in Minuten, multipliziert mit dem Lohn der Montagemitarbeiter, ergibt die für die Herstellung einer Heckenschere notwendigen Personalkosten.

Wenn zum Beispiel die Schneidblätter vor der Montage noch einmal zum Verchromen außer Haus gegeben werden, würden die Kosten dafür auch unter die direkten Kosten fallen, nämlich unter Fremdleistungen.

Für die Rasenmäher wird eine ähnliche, aber separate Aufstellung der direkten Kosten gemacht. ◄

Für die Montage der Heckenscheren wird aber zum Beispiel auch noch Strom gebraucht. Wo bleiben diese Kosten?

Unkompliziertes Prinzip

Die Antwort zeigt die Unkompliziertheit des Prinzips der direkten Kosten. Zum einen sind die für die Montage der Heckenscheren direkt anfallenden Stromkosten in unserem Fall relativ klein, können also vernächlässigt werden. Zum anderen müssten für eine genaue Zuordnung am Montageband separate Stromzähler angebracht werden – zusätzliche Kosten, bzw. Investitionen.

Wird nun auch noch ein zweites Produkt am gleichen Band montiert, müsste nach jedem Produktionslauf der Verbrauch abgelesen und zugeordnet werden – zusätzlicher Aufwand.

Mit zusätzlichem, zum Teil nicht unerheblichem Aufwand, ließen sich also auch diese Kosten eindeutig zuordnen – aber eben nicht mehr einfach.
Eine andere Möglichkeit wäre die Schlüsselung der Stromkosten, zum Beispiel nach dem Umsatz oder der Stückzahl. Hier wiederum stünden zur Auswahl die Stromkosten der ganzen Montagehalle oder nur die für das Montageband. Aber wie auch geschlüsselt wird – ein exaktes Ergebnis erhält man nicht. Und die ganze Schlüsselung müsste wieder geändert werden, sobald sich die Mengenverhältnisse zwischen Heckenschere und Rasenmäher ändern würden.
Nach der Methode der direkten Kosten wird die Frage nach der Zuordnung der Stromkosten sehr einfach beantwortet: Sie werden in ihrer Gesamtheit den indirekten Kosten zugeordnet.
Diese Art und Weise der pragmatischen Zuordnung unterscheidet die Methode der direkten Kosten von dem sonst nicht unähnlichen Prinzip der Kostenaufteilung in variable und fixe Kosten.
Bei konsequentem Festlegen der variablen Stromkosten in unserem Fall hätten Sie nach einer der oben beschriebenen Methoden vorgehen müssen, mit etlichem zusätzlichem Aufwand und keinesfalls besserem Ergebnis.

Direkte Kosten sind einfacher festzulegen als variable Kosten

Wir haben gesehen, dass direkte Kosten erheblich einfacher und pragmatischer festzulegen sind als die herkömmlichen variablen Kosten. Sie können sich unter Umständen voneinander in der Höhe unterscheiden und demzufolge unterscheiden sich dann auch indirekte Kosten und Fixkosten.
Das ist aber im Grunde genommen nicht wesentlich. Egal, nach welchem System Sie arbeiten – die Gesamtheit aller Kosten muss unter dem Strich identisch sein. Dazwischen gibt es viel Raum für Philosophien. Wichtig ist, dass die Zuordnung der Kosten einfach zu überblicken und vorzunehmen ist. Diese Forderungen erfüllt das System der direkten Kosten.

Indirekte Kosten

Per Definition umfassen die indirekten Kosten alle diejenigen Kosten, die nach Zuordnung der direkten Kosten übrig bleiben. Auch dies sehen wir uns an einem einfachen Beispiel an.

Praxis-Beispiel

Indirekte Kosten bei der *Strauch & Rasen AG*

Die *Strauch & Rasen AG* benötigt außer den Komponenten von Heckenschere und Rasenmäher und dem Fertigungspersonal noch mehr, um ihre Produkte an den Mann zu bringen. Hier eine Auflistung der Bereiche.

- Fertigung: Alle Personal- und Sachkosten, die nicht zu den direkten Kosten gerechnet worden sind, zum Beispiel Fertigungsleitung, Qualitätssicherung, Strom, Telefon, Raumkosten Montagehalle etc.
- Produktentwicklung
- Vertrieb und Marketing
- Finanzen und Controlling
- Verwaltung und Vorstand

Alle diese Kosten werden zu den indirekten Kosten gerechnet, und zwar jeweils alle Personal- und Sachkosten. ◂

Erleichterte Deckungsbeitragsrechnung

Wenn die Kostenaufteilung eines Unternehmens so strukturiert ist wie bei unserer *Strauch & Rasen AG*, ist die Einführung der Deckungsbeitragsrechnung ganz leicht möglich. Die saubere Kostenstruktur fordert das geradezu heraus.

Deckungsbeitrag: Was ist das, wie berechne ich ihn und was nützt er mir?

Deckungsbeitrag

Per Definition ist der Deckungsbeitrag eines Produkts (Kostenträgers) der Betrag, der vom Umsatz (Erlös) übrig bleibt, wenn die zur Herstellung des Produkts erforderlichen direkten Kosten vom Umsatz abgezogen werden. Mit anderen Worten: Der Deckungsbeitrag ist die Differenz aus Umsatz und direkten Kosten.

Ein Unternehmen macht einen operativen Gewinn, wenn die Summe der Deckungsbeiträge aller Produkte größer ist, als die im Unternehmen anfallenden indirekten Kosten.

Wir schauen uns wieder die *Strauch & Rasen AG* an.

Praxis-Beispiel

Deckungsbeitragsrechnung bei der *Strauch & Rasen AG*

Hugo Hirsch ist immer noch bei der Geschäftsplanung des nächsten Jahres. Wir haben gesehen, dass er den Verkauf von 10.000 Heckenscheren plant, mit einem durchschnittlichen Nettoverkaufspreis von 89,00 Euro pro Stück. Laut Kalkulation betragen die direkten Kosten 46,50 Euro pro Stück.

Auf ähnliche Art plant er den Verkauf von Rasenmähern. Von diesen will er im nächsten Jahr 12.000 Stück zu 180,00 Euro pro Stück absetzen. Die direkten Kosten betragen 108,00 Euro pro Rasenmäher.

Hugo Hirsch möchte wissen, ob die im Unternehmen über das Jahr anfallenden indirekten Kosten von 1,1 Mio. Euro aus den Verkäufen in Heckenscheren und Rasenmähern abgedeckt werden können. Er kommt zu dieser Übersicht:

Werte in Euro	**Strauch & Rasen AG**	**Heckenscheren**	**Rasenmäher**
Nettoverkaufspreis/ Stück		89,50	180,00
Direkte Kosten/Stück		46,50	108,00
Deckungsbeitrag/ Stück		43,00	72,00
geplante Verkäufe in Stück	22.000	10.000	12.000
Gesamtumsatz	3.055.000	895.000	2.160.000
Direkte Kosten	1.761.000	465.000	1.296.000
Gesamtdeckungsbeitrag	1.294.000	430.000	864.000
Vorstand u. Verwaltung	200.000		
Marketing u. Vertrieb	300.000		
Finanz u. Controlling	150.000		
Produktentwicklung	200.000		
Fertigung	250.000		
Indirekte Kosten	1.100.000		
Operatives Ergebnis	194.000		

Diese Rechnungen zeigen Hugo Hirsch, dass bei Erreichen des Planziels sein Unternehmen einen operativen Gewinn von 194 T Euro machen wird. ◂

Das Beispiel zeigt aber noch mehr. Man sieht anschaulich, wie aus der Produkt-Kalkulation für Heckenschere und Rasenmäher nach Einsetzen der Stückzahlen und Aufteilung der indirekten Kosten auf die einzelnen Unternehmensbereiche eine übersichtliche Gewinn- und Verlustrechnung abgeleitet werden kann.

Diese zeigt uns auch, welches Produkt wie viel zur Abdeckung der im Unternehmen anfallenden indirekten Kosten beiträgt – der Sinn des Wortes „Deckungsbeitrag" wird anschaulich illustriert.

Was nützt mir der Deckungsbeitrag?

Bei zahlreichen deutschen Unternehmen, meist kleinen oder mittelständischen, ist der Deckungsbeitrag – fälschlicherweise – in Verruf geraten. Argumente sind, dass er kompliziert zu ermitteln und seine Anwendung zweifelhaft ist.

Hinsichtlich der Ermittlung ist das Gegenteil der Fall, mindestens wenn Sie bei der Festlegung der Herstellkosten nach der Methode der direkten Kosten vorgehen und so die Fallstricke der „variablen Kosten" umgehen.

Deckungsbeitrags- oder Vollkostenrechnung?

Um die Vorteile der Deckungsbeitragsrechnung gegenüber der Vollkostenrechnung möglichst deutlich veranschaulichen zu können, betrachten wir zunächst die Vollkostenrechnung.

Ihr Prinzip besteht darin, dass den Umsatzerlösen eines Kostenträgers (Produkts) alle im Unternehmen anfallenden Kosten gegenübergestellt werden. Dabei ordnen Sie die festgestellten Einzelkosten dem Kostenträger direkt zu, die Gemeinkosten nach einem Schlüssel. Der Schlüssel ist meist der Umsatzanteil des Produkts am Gesamtumsatz des Unternehmens.

Dazu sehen wir uns ein Beispiel an.

Praxis-Beispiel

Produkt-Kalkulation bei Vollkostenrechnung

Der Einfachheit halber gehen wir von der Kalkulation der Heckenschere nach der Methode der direkten Kosten in Hugo Hirschs Planung aus. Wir erinnern uns:

Kalkulation Heckenschere/direkte Kosten	**Euro/Stück**
Nettoverkaufspreis	89,50
Direkte Kosten	46,50
Deckungsbeitrag in Euro	43,00
Deckungsbeitrag in Prozent	48,00
Geplante Verkäufe in Stück	10.000

Wie sieht diese Kalkulation in Vollkostenrechnung aus?

Die direkten Kosten der Heckenschere in Höhe von 46,50 Euro teilen sich in Material- und Personalkosten auf und entsprechen so den Materialeinzelkosten und Fertigungslöhnen der Vollkostenrechnung.

Um zu den Herstellkosten der Vollkostenrechnung zu kommen, müssen dazu noch Material- und Fertigungsgemeinkosten addiert werden. Diese entsprechen in ihrer Summe den „Indirekten Kosten Fertigung" in der Gewinn- und Verlustrechnung des vorigen Beispiels, 250.000 Euro. Diese müssen anteilig auf jede Heckenschere und jeden Rasenmäher umgelegt werden.

Das geht so:

- Zunächst einmal wird der Verteilungsschlüssel festgelegt. Er soll nach dem Umsatzanteil berechnet werden. (Eine Alternative wäre zum Beispiel die Stückzahl.)
- Der Umsatzanteil der Heckenscheren am Gesamtumsatz beträgt 895 T Euro/3.055 T Euro × 100 = 29,3 %.
- Die Heckenscheren müssen demnach 29,3 % der „Indirekten Kosten Fertigung" tragen, 73 T Euro (= 250.000 Euro × 29,3 %).
- Pro Heckenschere beträgt der Anteil 7,30 Euro (73.000 Euro/10.000 Stück).
- Die Herstellkosten für die Heckenschere nach Vollkostenprinzip betragen nun 53,80 Euro (46,50 Euro Einzelkosten + 7,30 Euro für Material- und Fertigungsgemeinkosten).

Um zu den Selbstkosten der Vollkostenrechnung für die Heckenschere zu kommen, müssen den Herstellungskosten die anderen indirekten Kosten nach dem gleichen Verteilerschlüssel hinzugefügt werden. Das macht im Einzelnen pro Heckenschere aus:

- Verwaltungsgemeinkosten:
  200.000 Euro × 29,3 %/10.000 Stück = 5,86 Euro
- Vertriebsgemeinkosten:
  300.000 Euro × 29,3 %/10.000 Stück = 8,79 Euro

- Finanzgemeinkosten:
  150.000 Euro × 29,3 %/10.000 Stück = 4,40 Euro
- Gemeinkosten Produktentwicklung:
  200.000 Euro × 29,3 %/10.000 Stück = 5,86 Euro

Die Produkt-Kalkulation der Heckenschere hat in Vollkosten nun folgendes Aussehen erlangt:

	Kalkulation Heckenschere/Vollkosten	**Euro/Stück**
1	Nettoverkaufspreis	89,50
2	Herstellkosten	53,80
3	Verwaltungsgemeinkosten	5,86
4	Vertriebsgemeinkosten	8,79
5	Finanzgemeinkosten	4,40
6	Gemeinkosten Produktentwicklung	5,86
7	Selbstkosten (Summe 2 bis 6)	78,71
8	Gewinnmarge (1 minus 7)	10,79

Außer unterschiedlichen Kalkulationsschemata haben Deckungsbeitrags- und Vollkostenrechnung unterschiedliche Philosophien:

- Die Vollkostenrechnung verlangt, dass kein Produkt zu Preisen unterhalb der Selbstkosten verkauft wird, …
- Die Deckungsbeitragsrechnung sagt, dass die Summe der von allen Produkten erwirtschafteten Deckungsbeiträge zur Abdeckung der indirekten Kosten ausreichen muss, …

… damit das Unternehmen nicht früher oder später in den Verlust kommt. Beide Aussagen sind prinzipiell richtig, weil letztlich immer alle Kosten abgedeckt werden müssen, um nicht in die Verlustzone zu geraten.

Vorteile der Deckungsbeitragsrechnung

Wir werden aber gleich sehen, dass der Deckungsbeitrag nach der Methode der direkten Kosten nicht nur einfacher zu ermitteln und in der Anwendung praktischer ist, sondern in der täglichen Anwendung auch noch zahlreiche Vorteile gegenüber der Vollkostenbetrachtung bietet:

Kenntnis Preisuntergrenze

- Kenntnis der absoluten Preisuntergrenze.
  Diese genau zu kennen, ist wichtig bei Preiskriegen in der Branche, Angriffen eines Wettbewerbers, eigenem Eintritt mit Penetrationsstrategie

in einen schon länger existierenden Markt oder Niedrigst-Preis-Angeboten für zusätzliches Geschäft.

Konzentration auf lohnende Produkte

- Konzentration auf die lohnendsten Produkte.
  Das Produkt im Sortiment mit dem höchsten Deckungsbeitrag in Prozent wird am meisten gefördert, weil Zuwachs hier den Profit am schnellsten erhöht. Aber Vorsicht – um seine Ressourcen voll auf ein Produkt zu konzentrieren, müssen auch noch andere Parameter berücksichtigt werden. Mehr dazu im nächsten Abschnitt „Profitoptimierung“.

Welche Produkte müssen überarbeitet werden?

- Hinweis auf Produkte, die überarbeitet werden müssen.
  Produkte mit auffällig niedrigem Deckungsbeitrag bedürfen besonderer Aufmerksamkeit, weil sie die Performance des ganzen Unternehmens nach unten ziehen – insbesondere solche, von denen auch noch viel verkauft wird. Dann sollte sehr genau untersucht werden, ob Möglichkeiten bestehen, das zu ändern. Ansatzpunkte bestehen in Kostensenkungsprogrammen, Umpositionierung oder Ändern der Preispunkte. Aber auch hier Vorsicht – diese Änderungen dürfen nicht die Akzeptanz eines gut verkauften Produkts verschlechtern.

Praxis-Beispiel

Hugo Hirsch bekommt eine Anfrage über 5.000 Heckenscheren

Die *Strauch & Rasen AG* bekommt von einer großen ausländischen Handelskette eine Anfrage, ob sie bereit ist, 5.000 Heckenscheren zu einem Preis von 72,00 Euro pro Stück ab Werk zu liefern.

Hugo Hirsch braucht nicht lange nachzudenken:

- Die ausländische Handelskette gehört nicht zu seinem Distributionsgebiet, der Verkauf der 5.000 Geräte wäre also nicht die zusätzliche Rabattierung von Normalgeschäft, sondern ein echtes Zusatzgeschäft.
- Seine direkten Kosten betragen 46,50 Euro/Stück, er hätte bei dem Geschäft immer noch einen Deckungsbeitrag von 25,50 Euro/Stück, oder 127.500 Euro insgesamt.
- Dies würde das operative Ergebnis von 194.000 Euro, das bis jetzt geplant wurde, fast verdoppeln!

Er beantwortet die Anfrage positiv und hofft auf den Auftrag.

Ganz anders wäre seine Reaktion, würde er nach der Vollkostenmethode arbeiten:

- Seine Selbstkosten betragen 78,71 Euro pro Heckenschere. Er müsste die Anfrage über 72,00 Euro/Stück ablehnen.
- Vielleicht – wenn er sich in der Vorgehensweise der Vollkostenrechnung gut auskennt – stellt er verschiedene Untersuchungen an und erkennt, dass in den ihm vorliegenden Selbstkosten viele Kostenblöcke enthalten sind, die mit einem Zusatzgeschäft nichts zu tun haben. Oder, dass die Umlagen der Gemeinkosten bei deutlich höheren Stückzahlen pro Gerät auch deutlich heruntergehen (allerdings auch bei den Rasenmähern, die mit diesem Geschäft nichts zu tun haben).

Nach vielen Recherchen würde er dann vielleicht die Anfrage positiv beantworten. ◂

An diesem Beispiel sieht man sehr deutlich, welche Vorteile die klare, übersichtliche Kostenstruktur der Deckungsbeitragsrechnung gegenüber der Vollkostenrechnung bietet, wenn es um Niedrig- oder Kampfpreise geht. Grund ist die bessere Kenntnis möglicher Preisuntergrenzen, die in der Dokumentation der Deckungsbeitragsrechnung niedriger liegen.
Sie sind natürlich nicht wirklich niedriger, bei der Vollkostenrechnung sind sie nur gut versteckt.
Noch extremer wird es, wenn im obigen Beispiel nach einem Heckenscherenangebot von 52,00 Euro gefragt worden wäre. Das läge unterhalb der Herstellungskosten der Vollkostenrechnung, die 53,80 Euro betragen. Die direkten Kosten (Herstellungskosten der Deckungsbeitragsrechnung) liegen dagegen bei 46,50 Euro. Der Grund für den Unterschied liegt darin, dass die Vollkostenrechnung ganze Fixkostenblöcke in die Herstellungskosten verschiebt, was die Beurteilung der echten Kostenstruktur und wie man in manchen Marktsituationen reagieren kann und manchmal müsste, nicht einfacher macht.

Hinweise für Marketingstrategie

Die klaren Aussagen der Deckungsbeitragsrechnung geben auch darüber Hinweise für die Marketingstrategie, welche Produkte Sie forcieren sollten und bei welchen Sie produktseitig etwas tun müssen. Zusätzliche Informationen zu diesem Thema gibt auch der folgende Abschnitt.

Profitoptimierung: Konzentration auf lohnende Produkte

Jeder möchte natürlich am liebsten die Produkte verkaufen, an denen er am meisten verdient, und von diesen möglichst viel. In einer ersten, einfachen Überlegung sind das die Produkte mit dem höchsten Deckungsbeitrag in Prozent vom Umsatz. Diese werden dann besonders forciert, um die Verkäufe dieser Produkte und damit den Gewinn zu steigern.

Das funktioniert dann gut, wenn Produktqualität, Positionierung und Preispunkte in Ordnung sind, der Vertriebskanal richtig gewählt ist, die böse Konkurrenz in Abwehr des Angriffs auf ihren Marktanteil nicht die Preise senkt und idealerweise der Markt auch noch kräftig wächst. Natürlich müssen nicht alle diese Punkte zutreffen, um eine Umsatzsteigerung zu erzielen, aber je weniger davon zutreffen, desto schwieriger wird es.

Häufig trifft man in den Unternehmen folgende Situation an: Einige Produkte haben einen hohen Deckungsbeitrag in Prozent vom Umsatz, von diesen wird aber nicht viel verkauft. Versuche, die Verkäufe hier zu erhöhen, sind kläglich gescheitert. Andere Produkte verkaufen sich gut, haben aber leider keinen guten Deckungsbeitrag. Werden diese mit zusätzlichen Verkaufsaktionen unterstützt, kann gar nicht so viel verkauft werden, um das operative Ergebnis auch nur einigermaßen zu halten.

Deckungsbeitrag nicht einziges Kriterium für Profitoptimierung

Daran sehen Sie, dass der Deckungsbeitrag zwar ein Kriterium sein kann, um zu entscheiden, auf welche Produkte man sich konzentrieren sollte, aber er ist sicher nicht das einzige.

Welche anderen Anhaltspunkte kommen in Frage? Dazu wollen wir uns die Konzepte des Lebenszyklus eines Produkts, sowie das Portfolio Management ansehen. Beide helfen bei der Standortbestimmung des eigenen Sortiments und dabei, welche und wie viele Ressourcen des eigenen Unternehmens auf welche Produkte und Produktgruppen konzentriert werden sollen, um den Profit langfristig zu optimieren.

Der Lebenszyklus eines Produkts

Jedes Produkt, jede Dienstleistung durchläuft ein eigenes Leben. Es wird geboren – auf den Markt gebracht – wächst mit steigenden Verkäufen auf, erreicht seinen Scheitelpunkt, die Reife. Danach altert es, es läuft aus, die Verkäufe nehmen ab, weil es nicht mehr den Anforderungen der Kunden genügt, und schließlich stirbt es: Die Kunden wollen – kaufen – es nicht mehr, oder es stirbt einen gewaltsamen Tod, wenn das Unternehmen es vom Markt nimmt.

Aussage über Verkaufsentwicklung eines Produkts

Dieser Lebenszyklus, in der Literatur häufig auch Life Cycle genannt, gilt für alle Produkte und Dienstleistungen. Er gibt Hinweise darauf, wie sich ein Produkt ohne besondere Marketinganstrengungen entwickeln wird.

Je nach Produkt sind die Phasen des Lebenszyklus unterschiedlich lang und hoch; bei einem Flop zum Beispiel schließt sich die Auslaufphase fast unmittelbar dem Markteintritt an.

Um den Niedergang eines erfolgreichen Produkts zu verhindern, muss rechtzeitig ein Relaunch (Launch = Markteinführung, Relaunch = neue Markteinführung eines bereits vorhandenen, aber jetzt verbesserten Produkts) erfolgen, um es im Stadium der Marktreife zu erhalten.

Der Lebenszyklus eines Produkts

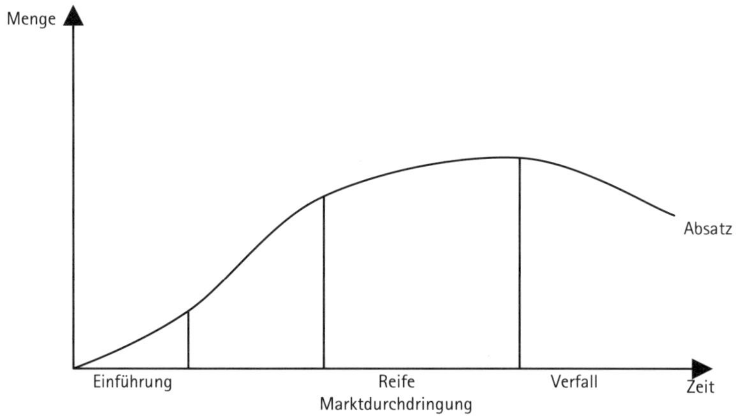

Der normale Lebenszyklus eines Produkts durchläuft nacheinander die Phasen der Markteinführung, des Wachstums und der Reife, bevor das Produkt ausläuft.

Dafür gibt es zahlreiche Beispiele. *Persil* hat es über mehr als 100 Jahre lang durch zahlreiche Relaunches geschafft, in der Reifephase zu bleiben. Ohne sie wäre es unmöglich gewesen – wer würde jetzt noch das Seifenpulver der Anfänge kaufen wollen? Die Konkurrenz hätte Besseres.

Oder nehmen wir *Microsoft*. Ständig neue Versionen von *Windows* helfen, die Marktführung zu erhalten – und die technischen Möglichkeiten neuer Prozessoren und Speicherelemente auszuschöpfen.

Der Lebenszyklus gilt aber nicht nur für Markenartikel wie *Persil* oder *Windows*. Er gilt für jedes Produkt.

Er gilt auch für unsere Bäckerei Mehrkorn. Wäre der Umsatz von Matthias Mehrkorn in der Filiale an der Klinik eingebrochen, wenn er sein Sortiment rechtzeitig auf die neuen Kundenwünsche eingestellt hätte?

Welche praktischen Hilfen gibt uns das Konzept des Lebenszyklus für unsere Marketingstrategie?

Damit ein Produkt nicht im normalen Zyklus stirbt, muss es ständig verbessert werden

Es sagt, dass wir unser Angebotssortiment ständig überprüfen müssen, ob es noch den Kundenanforderungen gerecht wird. Es sagt, dass wir unsere Produkte im Reifestadium unbedingt verbessern müssen, damit sie nicht irgendwann völlig ungeplant keine Käufer mehr finden.

Kurz gesagt: Arbeiten Sie ständig an der Verbesserung Ihrer Produkte, insbesondere an denen, die Sie gut verkaufen – oder diese Produkte geraten in die Auslaufphase des Lebenszyklus.

Portfolio Management

Im Konzept des Portfolio Managements wird das Angebotssortiment eines Unternehmens so betrachtet, als wäre es ein Wertpapierdepot. Was ja auch nicht falsch ist – schließlich haben ja Sie bzw. die Gesellschafter oder Aktionäre ihr Geld dort investiert.

Betrachten Sie Ihre Produkte wie ein Wertpapierdepot

Wie in einem Wertpapierdepot ist nun die Frage, was machen wir mit den Produkten? Wo verstärken wir unsere Position, wo steigen wir aus? Übersetzt auf das Produktsortiment heißt das: Wo tun wir etwas? Wo verbessern wir ein Produkt, wo erhöhen wir die Werbeausgaben, wo bringen wir ein neues Produkt, wo nehmen wir eins vom Markt?

Das Konzept des Portfolio Managements gibt uns Antworten darauf. Das Portfolio Management in der nachstehend beschriebenen Form wurde Anfang der 1970er Jahre von *Boston Consulting*, einer Unternehmensberatung, entwickelt.

Für die Anwendung des Portfolio Management-Konzepts wird eine 2 × 2-Marktanteils-/Marktwachstumsmatrix mit zwei Spalten und zwei Zeilen benutzt, in die die einzelnen Produkte bzw. strategischen Geschäftsfelder ein-

geordnet werden. Den Feldern der Matrix wurden Namen gegeben, die die Produkte charakterisieren.
Aus der Position der Produkte in der Matrix werden die Normstrategien für die einzelnen Produkte bzw. Bereiche abgeleitet, d. h. was man normalerweise für ein Produkt in dieser Kategorie tun sollte.

Portfolio Management-Matrix

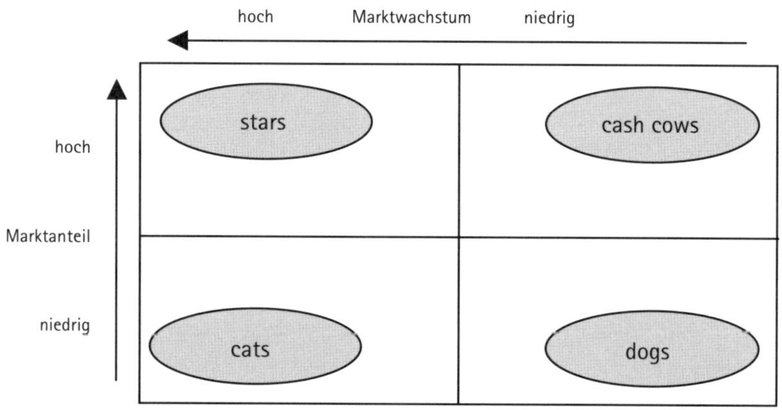

Portfolio Management: Marktanteils-/Marktwachstumsmatrix zur Einordnung von Produkten und Geschäftsfeldern zur Ableitung von Marketingstrategien

Cats

Diese Produkte befinden sich in der Einführungs- bzw. frühen Wachstumsphase ihres Lebenszyklus in einem wachsenden, meist relativ jungen Markt.
Normstrategie: Selektives Investment. Um den eigenen Marktanteil zu erhöhen, sind hohe Investitionen nötig. Hier muss konsequent „geklotzt" oder das Produkt vom Markt genommen bzw. gar nicht eingeführt werden, wenn man erkennt, dass man nicht mithalten kann.

Stars

Star-Produkte haben einen hohen Marktanteil in einem stark wachsenden Markt, die Produkte befinden sich in der Wachstumsphase. Das sind die Produkte, die jedes Unternehmen am liebsten hätte.

Normstrategie: Maximuminvestment, Marktanteil halten bzw. ausbauen. Das Produkt trägt die Investitionen im Allgemeinen selbst.

Cash Cows

Diese Produkte sind in der Reifephase und haben einen hohen Marktanteil und Cash Flow.
Normstrategie: Marktanteil halten, Relaunch vorbereiten. Solche Produkte sind das Rückgrat vieler Unternehmen. Wenn diese Produkte untergehen, können sie das ganze Unternehmen mitziehen.

Dogs

Dog-Produkte haben einen niedrigen Marktanteil in einem stagnierenden oder fallenden Markt. Sie befinden sich in der Degenerationsphase, ein Relaunch wurde verpasst oder ist missglückt.
Normstrategie: Melken und Markt verlassen.

Checkliste Marketing

Zum Abschluss des Kapitels über das Marketingkonzept, folgt hier eine Hilfe für Sie, ob Sie in Ihrem Business Plan alle relevanten Fragen beantwortet haben. Diese Checkliste ist auch auf der beiliegenden CD-ROM enthalten.

CD-ROM

Können Sie folgende Fragen beantworten?	ja	nein
Wie groß ist der Gesamtmarkt/das relevante Segment?	✓	
Wächst Ihr Teilmarkt oder stagniert er?		
Was ist Ihr Zielgruppensegment?		
Wie ist Ihre exakte Produktpositionierung?		
Welches sind die Konkurrenzprodukte (direkte, Substitute)?		
Wie ist Ihre Preispositionierung und Ihre Preisstrategie (Abschöpfung oder Marktanteil)?		
Wie kommt Ihr Produkt zum Kunden (Vertriebsweg)?		
Welchen Umsatz/Absatz/Marktanteil haben Sie geplant?		
Wie viel wollen Sie für Werbung ausgeben?		
Welche Kostenstruktur (direkte Kosten) hat Ihr Produkt?		

Wie organisiere ich mein Geschäft?

Wichtiges Thema bei Neugründungen

Dieses Thema ist immer dann wesentlich, wenn die Realisierung der Idee ein neues Geschäftssystem bzw. eine Neuorganisation erfordert. Das gilt insbesondere für Neugründungen. In diesem Fall sollte auch auf individuelle Stärken und Schwächen des Management Teams eingegangen werden. Wird aber zum Beispiel lediglich ein neues Produkt durch eine bestehende Organisation eingeführt, kann dieses Kapitel im Business Plan entfallen. Entfällt es nicht, sollten im Business Plan die folgenden Punkte geklärt werden:

- Wo liegt der Fokus des Geschäfts?
- Welches sind die zugehörigen, im Unternehmen durchzuführenden Kernaktivitäten, was kann ausgelagert werden?
- Wie sieht die resultierende Organisation des Unternehmens aus?

Budgets festlegen

Im Hinblick auf die notwendige Quantifizierung des Business Plans sollten hier mindestens grob die notwendigen Angaben zu Personalkosten und den Budgets für indirekte Kosten gemacht werden – soweit sie für das Projekt und den zugehörigen Finanzplan relevant sind.

Geschäftsfokus und Kernaktivitäten: Was bleibt im Unternehmen und was kann ausgelagert werden?

Was ist die Mission des Unternehmens, sein Hauptanliegen den Kunden gegenüber? Worauf muss es sich konzentrieren?

Die Antwort darauf gibt die Unternehmenspositionierung. Sie wird analog zu der Positionierung eines Produkts durchgeführt. Auf diese Positionierung hin muss das Unternehmen ausgerichtet, fokussiert werden.

Welche Tätigkeiten müssen Sie insgesamt durchführen, damit Ihr Unternehmen am Markt tätig sein kann? Welche Tätigkeiten benötigen Sie, um das Unternehmen entsprechend seiner Positionierung auszurichten, mit anderen Worten, was sind die Kerntätigkeiten?

Die Tätigkeiten und Geschäftsabläufe legen Sie am besten mit einem graphischen Ablaufplan fest, einem häufig genutzten Hilfsmittel.

Die Kernaktivitäten eines Unternehmens hängen im Allgemeinen eng mit dem Kundennutzen zusammen und sind deshalb meist in den Bereichen angesiedelt, die sich hauptsächlich damit befassen – Marketing und Produktentwicklung.

Positionierung auch für kleine Unternehmen sinnvoll

Ein kleines Unternehmen, zum Beispiel ein Handwerksbetrieb, hat natürlich keine Marketingabteilung oder Produktentwicklung. Trotzdem ist es auch hier für den Betrieb sinnvoll, seine Positionierung gegenüber dem Kunden festzulegen, Fokus und Kernaktivitäten darauf auszurichten. Die Kernaktivitäten müssen dann vom Inhaber in Personalunion selbst durchgeführt werden.

So muss zum Beispiel der Bäckermeister ständig überlegen, inwieweit sein Angebot an Brot, Backwaren und anderen Produkten und Dienstleistungen noch den Kundenwünschen und -bedürfnissen entspricht.

Nach Festlegen der Kernaktivitäten und der anderen für das Unternehmen notwendigen Tätigkeiten müssen Sie überlegen, welche Tätigkeiten in Ihrem Unternehmen durchgeführt werden sollen oder müssen und welche davon ausgelagert werden können. Dafür bieten sich meist Abteilungen wie die Buchhaltung oder der Versand an.

Nachdem nun klar ist, welche Tätigkeiten im Haus durchgeführt werden, legt man die dafür notwendigen Positionen fest und die Anforderungsprofile der (zukünftigen) Positionsinhaber.

Wird die Organisation des Unternehmens oder Bereichs neu aufgebaut, wird praktischerweise das Personalbudget gleichzeitig mit dem Anforderungsprofil festgelegt.
Besonders für junge Unternehmen ist es wichtig, schlank zu bleiben, und die Management-Ressourcen nicht auf Nebenkriegsschauplätzen zu verzetteln.

Organisation: Wer macht was und welche Budgets sind erforderlich?

Nachdem wir die im Unternehmen durchzuführenden Tätigkeiten, das Anforderungsprofil für die Stelleninhaber und das zugehörige Personalbudget festgelegt haben, machen wir uns an die Organisation des Bereichs oder Unternehmens.

Organigramm

Praktischerweise legen Sie sie anhand eines Organigramms fest, aus dem zu ersehen ist, in welche Bereiche ein Unternehmen aufgeteilt ist, wer in welche Bereiche gehört, und wer wem berichtet. Am besten legen Sie dabei auch gleich fest, welcher Bereich was genau tun soll, und welche Tätigkeit jeder Mitarbeiter jedes Bereiches hat, damit es später keine Kompetenzüberschneidungen gibt – oder niemand zuständig ist.

Tätigkeitsbeschreibung

Gute Hilfsmittel dafür sind Tätigkeitsbeschreibungen für die einzelnen Positionen. Tätigkeitsbeschreibungen sollten kurz und knapp und nicht länger als eine Seite sein. Darauf müssen außer dem Namen des Stelleninhabers aufgeführt sein: Wer ist sein Vorgesetzter? Wer sind seine Mitarbeiter? Welche Kompetenzen hat er? Was ist das Ziel seiner Tätigkeit? Welche Tätigkeiten muss er regelmäßig erledigen?

Budgets

Dies ist auch ein guter Zeitpunkt, die Budgets der indirekten Kosten für die Bereiche um die Sachkosten zu ergänzen – bis jetzt haben wir nur die Personalbudgets. Die Budgets werden später für den Finanzplan benötigt.

Management Team

Fähigkeiten im Management-Team müssen sich ergänzen

Dieser Abschnitt wendet sich besonders an junge Unternehmen. Diese Firmen sind meist noch klein, die Personalstärke ebenfalls, aber es gibt viele Aufgaben zu erledigen, die von vielfältiger Natur sind. Flexibilität ist gefragt, und die Vereinigung möglichst zahlreicher Talente in jedem einzelnen Mitarbeiter. Aber keiner von ihnen wird alle in sich vereinigen, also ist es wichtig, dass sich die Fähigkeiten der Mitarbeiter ergänzen. Dies gilt auch und ganz besonders für das Management Team.

Kompetenz des Teams wichtig, um Konzept umzusetzen

In jungen Unternehmen werden Business Pläne meist geschrieben, um frisches Kapital zu bekommen. Die Pläne wenden sich also hauptsächlich an Banken oder Investoren. Abgesehen davon, dass die Geschäftsidee, die Story und der resultierende Finanzplan überzeugend sein müssen, ist die Kompetenz des Management Teams entscheidend für die erfolgreiche Umsetzung des Konzepts.

Wesentlich sind die Ansammlung von Fähigkeiten und Persönlichkeiten, ihr Engagement für das Vorhaben und Einigkeit über das gemeinsam zu erreichende Ziel. Genauso wesentlich ist auch die Beantwortung der Frage nach eventuellen Lücken in den vereinigten Fähigkeiten, und wie und wann sie geschlossen werden können.

Eine „Anforderungsliste“ für die erforderlichen Fähigkeiten wird für jedes Unternehmen individuell verschieden sein. Einen Überblick erhalten Sie jedoch, wenn Sie die geschäftlichen Abläufe und die resultierende Organisation Schritt für Schritt durcharbeiten.

Lücken im Team offen eingestehen

So finden Sie auch die Kompetenzlücken. Das Eingeständnis solcher Lücken wirkt durchaus nicht negativ bei jungen Unternehmen, sondern zeigt vielmehr, dass man die vorhandenen Fähigkeiten objektiv betrachtet und bereit ist, die Lücken zu schließen, um letztlich ein optimales Management Team zu haben.

Lean Management

Für Lean Management gibt es keine Definition. Lean Management bedeutet, dass ein Unternehmen so geführt wird, dass es „schlank“ wird, schlank in allem.

Lean Management: Man braucht die Hälfte

Welche Erfolge können Sie mit Lean Management erzielen? Die Kurzfassung ist, Sie brauchen von allem die Hälfte: die Hälfte der Zeit, des finanziellen Aufwands, der Mitarbeiter quer durch alle Bereiche und Funktionen. Und Sie können trotzdem zu einem differenzierteren Product Mix kommen als Unternehmen, die nicht nach diesem Prinzip geführt werden.

Lean Management ist eine Philosophie, ein Bündel von Prinzipien, mit dem die gesamte Wertschöpfungskette geplant, gestaltet und ständig optimiert wird.

Für die Umsetzung von Lean Management ist eine besondere, prinzipienfeste innere Einstellung notwendig. Lean Management erfordert permanente, konsequente, nicht nachlassende Bemühungen, ein unaufhörliches Streben nach Perfektion, nach Perfektion auch im Kleinen, Vermeiden von Verschwendung im weitesten Sinne, absolute Kundenorientierung und konsequente Beschränkung auf Kernaktivitäten. Diese Prinzipien sind oft miteinander verknüpft, werden sie einzeln oder isoliert realisiert, erhalten Sie nicht die gewünschte Wirkung: Lean Management ist eine ganzheitliche Philosophie.

So wird zum Beispiel das Prinzip der Beschränkung auf Kernaktivitäten geleitet von der Überzeugung, dass eigene Aktivitäten nur dort ohne Verschwendung möglich sind, wo man mehr Know-how besitzt als alle anderen. Kann jemand anders dies besser, lässt man ihn diese Aktivität übernehmen.

Der Kunde steht im Mittelpunkt

Die Kundenorientierung bezieht sich nicht nur auf externe, kaufende Kunden, sondern wird auch innerhalb des Lean Unternehmens angewendet. Jeder Mitarbeiter betrachtet den jeweils nächsten Mitarbeiter im Prozessablauf, für den das Ergebnis der eigenen Arbeit zum Input wird, als seinen Kunden.

Und dieser Kunde muss zufriedengestellt werden in allen relevanten Parametern: Er muss die richtige Information oder das richtige Teil zum richtigen Zeitpunkt („just in time“) bekommen, in fehlerloser Qualität. Dies gilt für alle Bereiche des Unternehmens, nicht nur in der Produktion, sondern auch zum Beispiel im Rechnungswesen, der EDV etc.

Gesamte Wertschöpfungskette optimieren

Die Optimierung der Wertschöpfungskette endet nicht an den Grenzen des eigenen Unternehmens. Sie beeinflusst die Vorlieferanten und man wird selbst vom Kunden beeinflusst und dieser wieder von dessen Kunden, bis – mindestens theoretisch – die ganze Wertschöpfungskette erfasst ist.

Optimierungskriterien liegen sowohl in der Sachebene, zum Beispiel Qualität, Zeit bzw. Geschwindigkeit, Flexibilität, Produktivität und niedrige Bestände, als auch im monetären Bereich, zum Beispiel Kosten, Erlöse und Rentabilität. Vorrang haben in der Lean-Theorie die Kriterien der Sachebene, da die „guten Zahlen“ zwangsläufig folgen.

Wachsende Individualisierung der Nachfrage

Implizit steckt hinter dem Lean-Konzept mit seiner totalen Kundenorientierung die These vom zunehmenden Individualisierungstrend der Nachfrage, der sich überproportional verstärkt. Lean-Unternehmen begreifen diesen Trend deshalb als Chance. Er läuft andererseits der strikt arbeitsteiligen Massenproduktion zuwider, die überspitzt mit dem Henry Ford zugeschriebenen Ausspruch „You can have any color you like – as long as it's black." charakterisiert werden kann.

Marktumfeld zunehmend komplexer, gefährlicher

Die Lean-Theorie geht davon aus, dass das wirtschaftliche Umfeld zunehmend komplexer, schwieriger, unvorhersagbarer und gefährlicher wird, dass das Überleben des Unternehmens letztendlich von der alltäglichen Aktivierung des letzten Gramms Intelligenz abhängt. Lean Management besteht in der Kunst, das intellektuelle Potenzial aller Mitarbeiter des Unternehmens zu mobilisieren und zusammenzubringen.

Intellektuelles Potenzial aller Mitarbeiter einbeziehen

Das schlägt auf die Organisation eines Unternehmens durch, weniger auf die Kästchen des Organigramms, als vielmehr auf die Job-Inhalte.

Wir wollen dies am Beispiel der Kompetenzen eines Product Managers (PM) für die Produktentwicklung betrachten.

Bei Nicht-Lean-Unternehmen ist die übliche Form der so genannte „PM Light". Er koordiniert die Aktivitäten der für die Innovationsprojekte aus den einzelnen Unternehmensbereichen benannten Teammitglieder. Er hat wenig Kompetenzen und keine Weisungsbefugnis an die Teammitglieder. Sein Einfluss ist begrenzt, er hat wenig Kontakt zum Markt und keine Verantwortung für das Produktkonzept. Es ist vorgegeben, er arbeitet es ab.

Ganz anders der „Heavy Weight PM" der Lean-Unternehmen. Er hat wesentlich mehr Kompetenzen, er ist der „Product Champion", der „General Manager" für das Produkt. Er gestaltet das Konzept wesentlich mit – falls er es nicht ganz trägt –, hat direkten Kontakt zum Markt und im Rahmen des Projekts Weisungsbefugnis an die Teammitglieder. Er ist verantwortlich für den Einführungszeitpunkt des Produkts und für seine Profitabilität: Er gestaltet den Business Plan für das Produkt und seine Umsetzung in vollem Umfang.

Dieses Beispiel kann auf alle Bereiche des Unternehmens übertragen werden.

Checkliste Organisation und Ablauf

CD-ROM

Zum Abschluss dieses Kapitels, folgt nun auch hier eine Hilfe für Sie, ob Sie in Ihrem Business Plan alle in diesem Zusammenhang relevanten Fragen beantwortet haben. Diese Checkliste ist ebenfalls auf der beiliegenden CD-ROM enthalten.

Können Sie folgende Fragen beantworten?	ja	nein
Wo liegt der Fokus Ihres Geschäfts?	✓	
Wie ist der geschäftliche Ablauf?		
Welche Aufgaben davon werden in Ihrem Unternehmen durchgeführt?		
Welche Aufgaben werden ausgelagert?		
Wie sieht die resultierende Organisation für Ihr Unternehmen aus?		
Haben Sie grob die Tätigkeiten der einzelnen Positionen festgelegt?		
Haben Sie die Budgets für die einzelnen Bereiche festgelegt (Sachkosten, Personalkosten)?		

Umsetzung: Wer erledigt was und wann?

Der Umsetzungsfahrplan enthält alle notwendigen Tätigkeiten für die Realisierung eines Projekts: Produktentwicklung, Markteinführungen, Personaleinstellungen, zu tätigende Investitionen etc. Die Tätigkeiten sollten Sie in einzelne Schritte zerlegen, sinnvoll gruppieren, zeitlich einordnen und dafür Verantwortliche benennen.

Kritischer Pfad

Jeder Fahrplan hat einen kritischen Pfad, von dem der Ablauf des gesamten Projekts abhängt. Das Erreichen der wichtigeren Teilziele dieses Pfades, der so genannten Meilensteine, sollten Sie besonders im Auge behalten. Komplexere Planungen sollten in einem Diagramm dargestellt werden, das einen verständlichen Überblick der zeitlichen Abläufe vermittelt.

Realistisch planen

Die Planung sollte möglichst realistisch sein, da eine realistische Planung die Erfolgschance des Projekts erhöht: Eine pessimistische Planung erscheint verlockend, die Ziele werden schneller erreicht, die Ergebnisse sind besser, als von allen erwartet. Aber: Planung hat Einfluss auf Ressourcen; zum Beispiel hat ein zu niedrig geplanter Absatz oft zu niedrige Kapazitäten zur Folge und/oder eine mangelnde Ausstattung mit Liquidität. Bei zu optimistischer Planung mit nachfolgender Zielunterschreitung verlieren Sie nicht nur Glaubwürdigkeit, sondern meist auch Geld, zum Beispiel durch zu großzügig angelegte Blöcke von indirekten Kosten oder zu früh eingeplante Markteinführungen. Im Extremfall kann dies, gerade bei kleinen Unternehmen, zum Konkurs führen.

Checkliste Umsetzungsfahrplan

Zum Abschluss dieses Kapitels finden Sie die folgende Checkliste als Hilfe für Sie, ob Sie in Ihrem Business Plan auch alle hierfür relevanten Fragen berücksichtigt haben. Diese Checkliste ist ebenfalls auf Ihrer CD-ROM enthalten.

Können Sie diese Fragen beantworten?	ja	nein
Haben Sie alle für die Realisierung des Projekts durchzuführenden Tätigkeiten festgelegt?	✓	
Haben Sie festgelegt, wer diese Tätigkeiten durchführen soll?		
Wann müssen diese Tätigkeiten durchgeführt werden, wann müssen sie beendet sein?		
Haben Sie den Projektablauf in einem Diagramm festgehalten?		
Welches ist der kritische Pfad für Ihr Projekt?		
Ist die Planung realistisch?		

Finanzplan – Wie viel Gewinn mache ich?

Auskunft finanzielle Zukunft

Der Finanzteil des Business Plans soll Auskunft über die erwartete finanzielle Zukunft Ihres Unternehmens geben. Dazu müssen Sie folgende Fragen für den Planungszeitraum von drei bis fünf Jahren klären:

- Welches ist der zu erwartende Gewinn?
- Wie entwickelt sich die Liquidität bzw. der Cash Flow?
- Wie entwickelt sich die Bilanz?

Welche Annahmen wurden gemacht?

Außerdem muss gesagt werden, welche Annahmen hinsichtlich Absatz, Kostenstruktur, Investitionen, Finanzierung etc. eingeflossen sind.
Für eine schlüssige Beantwortung der Fragen zu Gewinn, Cash Flow und Bilanz müssen Sie die in den vorangegangenen Kapiteln des Business Plans gemachten Annahmen zu Umsatz und Absatz, den direkten Kosten, den Budgets der indirekten Kosten, Investitionen etc. quantifizieren, soweit dies dort noch nicht geschehen ist.
Der Finanzplan sollte damit für die nächsten drei bis fünf Jahre umfassen:

- Projektive Gewinn- und Verlustrechnung
- Projektive Bilanz
- Liquiditätsplanung/projektive Cash Flow-Rechnung

Gewinn- und Verlustrechnung (GuV): Wie viel werde ich verdienen?

Gradmesser des Erfolgs

Die Gewinn- und Verlustrechnung für den Planungszeitraum zeigt, welcher Erfolg in diesem Zeitraum am Markt realisiert werden soll. Baut sie auf einer schlüssigen Story auf, ist sie zusammen mit der Cash Flow-Rechnung der Schlüssel für frisches Kapital von Investoren oder Bankkredite.
Die Gewinn- und Verlustrechnung listet Erträge und Aufwendungen des Unternehmens auf. Sie zeigt das Ergebnis der Geschäftstätigkeit – Gewinn oder Verlust – und aus welchen Komponenten es sich zusammensetzt. Sie beantwortet je nach Strukturierung Fragen wie: Welchen Anteil hat die Verwaltung an den indirekten Kosten oder wie hoch ist der Deckungsbeitrag einer bestimmten Produktgruppe?
Gewinn- und Verlustrechnungen können in Deutschland nach zwei Prinzipien aufgestellt werden:

- Umsatzkosten-Verfahren
- Gesamtkostenverfahren

Gesamtkostenverfahren

Das Gesamtkostenverfahren ist das in Deutschland traditionelle Verfahren, das auch heute noch am häufigsten verwendet wird, meist bei kleineren und mittleren Unternehmen. Es ist eher produktionsorientiert, da hier die Bestandsänderungen ausgewiesen werden. Es eignet sich aber schlecht zur Unternehmenssteuerung, da einzelne Unternehmensbereiche nicht gesondert ausgewiesen werden können.

Umsatzkosten-Verfahren

Das Umsatzkosten-Verfahren ist in Deutschland seit den 1980er Jahren gleichberechtigt neben dem Gesamtkostenverfahren zugelassen (§275 HGB). Es hat seinen Ursprung im angelsächsischen Raum, wo es fast ausschließlich verwendet wird, ebenso wie von den meisten größeren Unternehmen in Deutschland.

Einzelne Unternehmensbereiche können hier separat gezeigt werden, das macht es besser geeignet für die Geschäftssteuerung. Sie ist eher vertriebsorientiert, da den Umsatzerlösen nur die Kosten gegenübergestellt werden, die durch die verkauften Leistungen entstanden sind.

Bestandsänderungen auf der Erlösseite werden hier genauso wenig gezeigt, wie die dafür entstandenen Aufwendungen – sie entfallen durch Saldierung. Dadurch wird die Gewinn- und Verlustrechnung nach dem Umsatzkosten-Verfahren auch wesentlich übersichtlicher.

In Kombination mit der Deckungsbeitragsrechnung auf Basis der Methode der direkten Kosten ist sie das geeignete Instrument zur Unternehmenssteuerung.

Hier ein Schema für eine Gewinn- und Verlustrechnung über vier Jahre nach dem Umsatzkosten-Verfahren. Da hier nur die Struktur wesentlich ist, sind keine Zahlen eingefüllt.

Schema für eine GuV nach Umsatzkosten-Verfahren

Werte in Euro	1	2	3	4
Umsatzerlöse				
Sonst. betr. Ertr.				
Direkte Kosten				
Deckungsbeitrag				
Verwaltung				
Produktentwicklung				
Marketing & Vertrieb				
Finanzen				
Fertigung				
Sonst. betr. Aufw.				
Abschreibungen				
Rückstellungen				
Betriebskosten				
Betriebsergebnis				
Zinsaufwand				
Zinsertrag				
Außerord. Aufwand				
Außerord. Ertrag				
Vorl. Erg. v. St.				
Steuern E/E				
Jahresüber. /-fehlb.				
Ausschüttungen				
Rücklagen				
Bilanzergebnis				

Liquiditätsplanung/Cash Flow-Rechnung: Reicht mein Kapital oder benötige ich zusätzliches Geld von außen?

Cash Flow – das Maß aller Dinge

Der Cash Flow ist das wahre Maß für die Ertragskraft eines Unternehmens, da er den Überschuss (oder auch Abfluss) an Geld zeigt, der in einer bestimmten Periode erwirtschaftet wird. Damit gibt er Auskunft, inwieweit ein Unternehmen sich selbst finanziert oder ob und wann neues Kapital benötigt wird.

Der Cash Flow stellt Zahlungseingänge und Geldabflüsse gegenüber und kann direkt und indirekt berechnet werden.

Indirekte Berechnung über Bilanz und GuV

Die indirekte Methode wird hauptsächlich von Analysten angewendet, die keinen Zugang zu den internen Zahlen haben. Sie greift auf Zahlen der Bilanz und der Gewinn- und Verlustrechnung zu.
Das hat zwei Nachteile: Erstens, in den offiziellen Bilanzen sind die Zahlen nach bestimmten Gesichtspunkten festgelegt, die nicht immer nach außen bekannt werden; und zweitens liegt ein längerer Zeitraum zwischen Erstellung und Bekanntgabe, sodass man immer etwas verspätet ist. Aber als Externer haben Sie wenig andere Möglichkeiten.

Direkte Berechnung über Ein- und Auszahlungen

Die direkte Methode, die Sie als Interner im eigenen Unternehmen immer anwenden können, basiert auf den direkten Zahlungsein- und -ausgängen und ist erheblich zeitnäher als die indirekte Methode. Von dieser Methode gehen wir hier immer aus, da man als Autor von Business Plänen im Allgemeinen Zugang zu diesen Zahlen hat. Hier ein Modell für die direkte Methode der Cash Flow-Berechnung über drei Jahre.

Schema für interne Cash Flow-Berechnung

Werte in Euro	1	2	3
Anfangsstand Bank			
Einn. aus Forderungen			
Einz. Zinseinn.			
Einn. aus Desinvest.			
Einz. Neuaufn. Darlehen			
Einz. Sonst. Ford.			
Außerord. Ertrag			
Eigenkapitalveränd.			
Zuführung Rücklagen			
Summe Cash In			
Ausz. Personal.			
Ausz. Mat. - u. sonst. Aufw.			
Auszahlung Zinsaufwand			
Auszahlung Investitionen			
Auszahlung Tilgung			
Auszahlung Steuern			
Ausz. Ust-Saldo			
Sonst. Ausz.			
Ausschüttungen			
Summe Cash Out			

Das Schema liefert zweierlei:

- Die Liquidität wird in der untersten Zeile des Schemas als Saldo aus Anfangsstand Bank, Cash In und Cash Out für den Berichtszeitraum gezeigt;
- den Cash Flow erhält man aus der Differenz von Cash In und Cash Out oder alternativ aus der Differenz von Anfangs- und Enbestand Bank.

Auskunft über benötigtes Kapital

Die Betrachtung des Cash Flow ist besonders wichtig bei Neugründungen von Unternehmen. Beim Start müssen viele Ausgaben gemacht werden, ohne dass Geld eingenommen wird. Geld fließt ab, der Cash Flow ist negativ. Er wird negativ bleiben, bis so viel Geschäft gemacht wird, dass ein Break Even erreicht wird. Dieser negative Cash Flow muss finanziert werden – die Cash Flow Rechnung gibt Auskunft über die Höhe des zusätzlich benötigten Kapitals.

Bilanz

Herkunft und Verwendung von Kapital

Sie gibt Auskunft darüber, wo das Kapital herkommt – von Investoren als Stammkapital, von Banken als Fremdkapital – und zeigt, was mit diesem Kapital gemacht worden ist. Sie stellt für den Planungszeitraum Vermögen und Kapital gegenüber. Ein einfaches Bilanzschema kann wie folgt aussehen:

Schema für eine Bilanz über vier Jahre

Werte in Euro	1	2	3	4
Anlagevermögen				
Investitionen				
Abschreibungen				
Summe Anlagevermögen				
Vorräte				
Forderungen				
Sonst. Forderungen				
Flüssige Mittel				
Summe Umlaufvermögen				
Summe Aktiva				

Stammkapital				
Rücklagen				
Gewinn-/Verlustvortrag				
Bilanzerg. lfd. Periode				
Summe Eigenkapital				
Pensionsrückstellungen				
Sonstige Rückstellungen				
Langfr. Verbindlichkeiten				
Summe langfr. Verbindl.				
Kontokorrent				
Verbindl. Lieferanten				
Sonst. Verbindlichkeiten				
Umsatzsteuer-Verbindl.				
Steuerverb. E/E				
Verb. Personal				
Summe kurzfr. Verb.				
Summe Passiva				

Die Summen aus Aktiva und aus Passiva müssen identisch sein, das ist die Bilanzsumme.

Projektive GuV, Bilanz und Cash Flow-Rechnung

Wir haben nun die Ingredienzen für unseren Finanzplan zusammen:

- Wir haben uns angesehen, wie eine schematische Gewinn- und Verlustrechnung, Bilanz und Cash Flow-Rechnung über mehrere Jahre – den Planungszeitraum – aussehen können.
- Bei der Erarbeitung des Business Plans haben wir in den einzelnen Kapiteln Annahmen über Absatz, Umsatz, direkte und indirekte Kosten gemacht.
- Einige wichtige Zahlen müssen wir noch hinzufügen, um den Finanzplan fertig stellen zu können, zum Beispiel Zahlungsziele, Lagerdauer, Kontokorrentzinsen – sie alle können wesentlichen Einfluss auf den Cash Flow haben.
- Dann brauchen wir gegebenenfalls noch Darlehenskonditionen sowie Startbilanz und Start-GuV, um einen Ausgangspunkt für unsere Rechnung zu haben.

Damit können wir die benötigten, bereits erwähnten Berechnungen für unseren Finanzplan erstellen:

- Projektive Gewinn- und Verlustrechnung
- Projektive Bilanz
- Liquiditätsplanung/projektive Cash Flow-Rechnung

Fertig ist der Finanzplan.

Finanzierungsmöglichkeiten

Zwischen Eigen- und Fremdkapital unterscheiden

Die Cash Flow-Rechnung aus dem Finanzplan hat uns unter Umständen gezeigt, dass frisches Kapital benötigt wird. Die Frage ist nun, woher man es bekommt. Dabei sollten Sie sorgfältig zwischen Eigen- und Fremdkapital unterschieden. Fremdkapitalgeber verlangen außer einem glaubwürdigen Business Plan meist Sicherheiten, Eigenkapitalgeber im Allgemeinen nur den Business Plan.
Es gibt die verschiedensten Möglichkeiten, um zu neuem Kapital zu kommen. Hier eine Auflistung verschiedener Möglichkeiten.

Eigenkapital

- Eigenes Vermögen: Höhe meist beschränkt
- Privatinvestoren: meist weniger scharfe Kriterien als VC-Gesellschaften
- VC-Gesellschaften: schlüssiger Business Plan und hohe Wachstumsraten erforderlich, Unterstützung des Managements, Zuschlag aber schwierig zu bekommen
- Börsengang

Fremdkapital

- Kredite von Verwandten und Freunden: formloser Prozess, gute Konditionen, Höhe meist beschränkt, Frage der Einmischung
- Gesellschafterdarlehen
- Leasing statt Kauf für Investitionsgüter
- Bankkredite/Hypotheken: bei Besicherung der Kredite durch eigene Grundstücke günstige Konditionen, steuerlicher Abzug der Zinszahlungen, gut kalkulierbar

- Staatliche Fördermittel: gute Konditionen, bürokratischer Prozess, lange Wartezeiten

Checkliste Finanzplan

Zum Abschluss dieses Kapitels, nachfolgende Checkliste als Hilfe für Sie, ob Sie in Ihrem Business Plan alle in diesem Zusammenhang relevanten Fragen beantwortet haben. Diese Checkliste finden Sie auch auf der beiliegenden CD-ROM.

Können Sie diese Fragen beantworten?	ja	nein
Welches ist der zu erwartende Gewinn?	✓	
Wie entwickelt sich die Liquidität?		
Wie entwickelt sich die Bilanz?		
Welche Annahmen sind eingeflossen hinsichtlich Absatz, direkten und indirekten Kosten?		
Welche Investitionen müssen getätigt werden?		
Haben Sie Zahlungsziele, Lagerdauer, Zinsen und Steuern berücksichtigt?		
Welche Finanzierung ist notwendig?		
Wie soll die Finanzierung durchgeführt werden?		

Risiko- und Sensitivitätsanalyse

Nachdem der Finanzplan erstellt ist, wenden wir uns der Frage zu, wo Risiken für seine Umsetzung bestehen.

Interne und externe Risiken

Risiken für ein Unternehmen oder ein Projekt können im Unternehmen selbst oder in seinem Umfeld liegen. Externe Risiken müssen nicht notwendigerweise wirtschaftlicher Natur sein, zum Beispiel in einem Business Plan für die Gründung einer Tochtergesellschaft in Tschetschenien …

In der Risikoanalyse sollten Sie solche Risiken, deren Eintritt eine gewisse Wahrscheinlichkeit hat, und mögliche Abwehrmaßnahmen betrachten. Hier einige Beispiele für häufiger auftretende Risiken.

Interne Risiken

- Ein wichtiger Mitarbeiter verlässt das Unternehmen.
- Ein Meilenstein in der Entwicklung eines neuen Produkts wird wesentlich verspätet erreicht.
- Ein gesuchter Know-how-Träger kann nicht eingestellt werden.

Externe Risiken

- Der geplante Preis oder das geplante Absatzvolumen (oder noch schlimmer beides) werden nicht erreicht.
- Ein großer Kunde, von dem das Unternehmen strategisch abhängig ist, wechselt zur Konkurrenz.
- Ein Schlüsselkunde wird zahlungsunfähig.
- Ein Konkurrent beantwortet die Einführung des neuen Produkts mit einer massiven Preissenkung und/oder verstopft den eigenen Distributionskanal mit einer Mengenaktion.
- Der technische Clou eines Neuprodukts kann nicht patentiert werden.

Sensitivitätsanalyse quantifiziert Risiken

Im Gegensatz zur Risikoanalyse, die weitgehend qualitativ bewertet, wird in der Sensitivitätsanalyse versucht, die Wirkung des Eintritts von Risiken oder anderer Ereignisse auf das Unternehmen anhand angenommener Szenarios zu quantifizieren. Es wird versucht zu zeigen, worauf das Unternehmen „empfindlich“ reagiert und in welchem Ausmaß. Da sich manche Ereignisse nicht quantifizieren lassen (oder nur unglaubwürdig), ist das Anwendungsspektrum der Sensitivitätsanalyse wesentlich enger als das der Risikoanalyse.

Experten-Tipp

Quantifizieren der Risiken

Versuchen Sie, die für Sie relevanten Risiken zu quantifizieren.

Dies lässt sich nicht in allen Fällen tun, wo es aber geht, sollte man es unbedingt machen. Dies ist im Allgemeinen immer dann möglich, wenn es sich um Fragen von Mengen, Preisen oder Kosten handelt.

In einer Sensitivitätsanalyse können Sie feststellen, ob das Unternehmen/Projekt/Produkt preis- oder mengensensitiv ist.

Faustregel: Hohe Margen sind mengensensitiv, niedrige Margen preissensitiv.

Dies gibt Hinweise für das Management, was für das Unternehmen das größere Risiko ist: Verfehlen des Preis- oder des Mengenziels. ◂

Checkliste Risiken

Zum Abschluss dieses Kapitels, auch hier wiederum eine Checkliste als Hilfe für Sie, ob Sie in Ihrem Business Plan alle relevanten Fragen zu diesem Thema beantwortet haben. Diese Checkliste ist auch auf der beiliegenden CD-ROM enthalten.

Sind diese Risiken relevant?	**ja**	**nein**
Wichtige Mitarbeiter verlassen das Unternehmen.	✓	
Ein fest eingeplanter Know-how-Träger kann nicht eingestellt werden.		
Ihr Projekt verspätet sich.		
Ihr Produkt kann nicht patentiert werden.		
Der geplante Preis kann nicht realisiert werden.		
Das geplante Absatzvolumen wird nicht erreicht.		
Die direkten Kosten werden höher als geplant.		
Die Budgets, z. B. indirekte Kosten, werden überzogen.		
Die Finanzierung lässt sich nicht im geplanten Rahmen (zeitlich, geldlich) realisieren.		
Ein Schlüsselkunde, von dem das Unternehmen strategisch abhängig ist, wechselt zur Konkurrenz.		
Ein großer Kunde wird zahlungsunfähig.		
Ein Konkurrent beantwortet die Einführung des neuen Produkts mit einer massiven Preissenkung und/oder verstopft den Distributionskanal mit einer Mengenaktion.		

Wie entwickelt sich der Wert meines Unternehmens?

In vielen Unternehmen möchte die Geschäftsleitung wissen, ob und wie sich ein Projekt rentiert, um über die Investition entscheiden zu können, zum Beispiel um Investitionsprioritäten nach Rangfolge der Verzinsung des eingesetzten Kapitals setzen zu können. Oder ein Investor will wissen, was sein Kapitalanteil nach angemessener Frist wert ist.

Unternehmensbewertung

Hier sollen zwei gängige Methoden zur Unternehmensbewertung dargestellt werden, die Free Cash Flow-Methode und die pragmatischere Marktwert-Methode.

Free Cash Flow-Methode

Die Free Cash Flow-Methode besagt grob, dass der heutige Wert eines Unternehmens die Summe der abgezinsten Cash Flows für die überschaubare Zukunft ist, im Allgemeinen für den Planungshorizont. Hinzu kommen der Restwert des Unternehmens abzüglich der Verbindlichkeiten am Ende dieses Zeitraums sowie, falls notwendig, ein Korrekturwert für im Unternehmen vorhandene Werte, die nicht der normalen Geschäftstätigkeit dienen, etwa nicht genutzte Markenrechte.

Nun einige Begriffe, Definitionen und Abkürzungen, bevor wir zur Formel für die Berechnung kommen.

$CF = \text{Cash Flow}$

$CF(t) = \text{Cash Flow des Jahres } t$

Cash Flow-Reihe

Häufig spricht man von einer Cash Flow-Reihe. Gemeint ist damit die Summe der Cash Flows eines Unternehmens aus mehreren Jahren. Die Cash Flow-Reihe aus den ersten drei Jahren einer Unternehmensplanung würde als Formel so aussehen:

$$CF(1) + CF(2) + CF(3) = \Sigma_t\, CF(t),\ t = 1, \dots, 3$$

Discounted Cash Flow

Da zukünftige Cash Flows weniger wert sind als jetzige, werden sie für die Unternehmensbewertung auf die Gegenwart abgezinst, „diskontiert“ oder „discounted“.
z = Zinssatz, mit dem diskontiert wird, als Zahl zwischen 0 und 1. Die „1“ entspricht dabei 100 %.

DCF(t) = Discounted Cash Flow des Jahres t
= Gegenwartswert des Cash Flows des Jahres t
$= CF(t) / (1 + z)^t$

Was ist ein zwei Jahre in der Zukunft liegender Cash Flow heute wert?

Der Gegenwartswert eines Cash Flows von 100.000 Euro aus dem Jahre 2 einer Planung wäre bei einer Diskontierung mit zehn Prozent

$DCF(2) = CF(2) / (1 + 0{,}1)^2 = 100.000\ Euro/1{,}21 = 82.645\ Euro.$ ◂

Free Cash Flow

Mit „Free Cash Flow” wird der dem Unternehmen nach Abwicklung der normalen Geschäftstätigkeit frei zur Verfügung stehende Cash Flow bezeichnet, das heißt der übliche Cash Flow bereinigt um andere Zahlungen wie zum Beispiel Rückführung von Darlehen, Zinszahlungen, Kapitalerhöhungen oder Gewinnausschüttungen. Für die Unternehmensbewertung wird die diskontierte Free Cash Flow-Reihe benutzt.:

FCF = Free Cash Flow
= Cash Flow, bereinigt um nicht zur normalen Geschäftstätigkeit gehörende Zahlungen

FCF(t) = Free Cash Flow des Jahres t

DFCF(t) = diskontierter Free Cash Flow des Jahres t
$= FCF(t) / (1 + z)^t$

Zur Berechnung des Unternehmenswerts benötigen wir noch den Restwert des Unternehmens am Ende der DCF-Reihe, die Verbindlichkeiten und den Korrekturwert:

RV(t) = Restwert des Unternehmens zum Zeitpunkt t
Adj(t) = Korrekturwert zum Zeitpunkt t
Verb(t) = Verbindlichkeiten zum Zeitpunkt t

Die Formel für den Unternehmenswert bei T Jahren Planungshorizont sieht dann so aus:

Gegenwartswert des Unternehmens

$$= \Sigma_t \, DFCF(t) + RV(T) + Adj(T) - Verb(T),\ t = 1, \ldots, T$$

$$= \Sigma_t \{FCF(t) / (1+z)^t\} + RV(T) + Adj(T) - Verb(T),\ t = 1, \ldots, T$$

Bestimmung der Restwerte

Für die Bestimmung des Restwertes bei Anwendung der Free Cash Flow-Methode gibt es zwei Verfahren. Im ersten, dem konservativeren, geht man von der theoretischen Liquidation des Unternehmens am Ende der Planungsperiode aus, das heißt das dann vorhandene Eigenkapital EK ist der Restwert. Das zweite Verfahren geht von der Weiterführung aus mit dem Restwert der ewigen Rente aus dem FCF des letzten Planungsjahres T.

Restwert bei Liquidation im Jahr T:

$$RV(T) = EK(T)$$

Restwert bei Fortführung über T hinaus:

$$RV(T) = FCF(T) / z \text{ (ewige Rente)}$$

Marktwert-Methode

KGV: Kurs-Gewinn-Verhältnis

Bei der Marktwert-Methode geht man davon aus, dass die Unternehmen einer Branche an der Börse ähnlich bewertet werden. Diese Bewertung wird durch das „Kurs-Gewinn-Verhältnis“ ausgedrückt, kurz KGV genannt. Das KGV einer Aktie ist das Verhältnis von Aktienkurs und Gewinn pro Aktie. Beispiel: Ein KGV von 17 bedeutet, dass der Aktienkurs das 17fache des Jahresgewinns pro Aktie beträgt.

Zur Bewertung eines Unternehmens sucht man sich also ähnliche Unternehmen aus, die an der Börse notiert sind, und bildet einen mittleren Wert aus deren KGVs. Diese sollten möglichst für das letzte Jahr des Planungshorizonts gelten. Man findet solche Zahlen in größeren Tageszeitungen und vielen Fachzeitschriften. Das gefundene KGV multipliziert man mit dem abgezinsten Gewinn des zu bewertenden Unternehmens aus dem gleichen Jahr und erhält so den Gegenwartswert. Hier die Formel dazu:

Gegenwartswert des Unternehmens
$= KGV(T) \times Jahresüberschuss\ (T) / (1 + z)^T$

Projektbewertung

Für Projektbewertungen ist die DCF-Methode üblich. Sie entspricht formelmäßig der FCF-Methode, wobei der Free Cash Flow durch den normalen Cash Flow ersetzt wird (bei Projekten gibt es zum Beispiel keine Kapitalerhöhungen). Statt der Verbindlichkeiten muss die Investitionssumme für das Projekt abgezogen werden und als Restwert wird üblicherweise die Liquidation gewählt.
Die Marktwert-Methode kann hier nicht eingesetzt werden, da es Börsenbewertungen von Unternehmensteilen oder Neuprodukten im Allgemeinen nicht gibt.

Zusammenfassung des Plans/Executive Summary

Die Zusammenfassung des Business Plans muss auf ein bis maximal zwei Seiten alle wesentlichen Teile und Aussagen enthalten.

Max. Länge: 1–2 Seiten

Im eigentlichen Business Plan dürfen gegenüber der Executive Summary keine Überraschungen mehr auftauchen, zum Beispiel in Form neuer Konzepte oder geänderter Gewinnaussagen.
Die Executive Summary dient dazu, Management oder Investor über das eigene Vorhaben in kurzer Zeit zu informieren oder aber zunächst überhaupt zu interessieren. Deshalb sind eine klare Gliederung und saubere Darstellung des Vorhabens unbedingt erforderlich.
Für erhöhten Fokus des Lesers sollte man jeden Absatz mit einer Überschrift versehen, die schlagwortartig dessen Inhalt Interesse weckend wiedergibt. Damit gewinnt die Executive Summary an Übersichtlichkeit und wird gewissermaßen noch einmal komprimiert.

Die Summary abzufassen ist häufig schwieriger, als den eigentlichen Business Plan zu schreiben. Diese Mühe ist aber erforderlich (siehe oben), und sie nützt auch dem Verfasser: Bei informellen Gesprächen zum Beispiel mit dem Management oder bei Nachfragen des Investors können Sie die wesentlichen Inhalte Ihres Plans ohne langes Nachblättern und Überlegen kurz und knapp an den Mann bringen.

Praxis-Beispiel „drahtesel.de AG“: Schrittweise Ausarbeitung eines Business Plans

Nachdem wir die Inhalte eines Business Plans nun kennen gelernt haben, machen wir uns daran, einen etwas komplexeren Plan Schritt für Schritt zu erarbeiten.

Vollständiger Fall

Um zu sehen, wie die einzelnen Teile des Plans ineinander greifen, ist das Beispiel durchgängig, das heißt, es wird ein vollständiger Fall abgearbeitet. Am Ende haben wir dann die Kapitel eines kompletten Business Plans. Dieser ist zusammengefasst und ausformuliert als Musterplan im letzten Kapitel dieses Buches enthalten.
Die Story des Musterplans ist frei erdacht, alle Namen, Zahlen, Daten und Ereignisse erfunden. Übereinstimmungen mit der Wirklichkeit wären rein zufällig.
Die Geschichte beginnt im Januar 2006 und handelt von einem Textilunternehmen in Deutschland, das in den letzten Jahren aufgrund des Wettbewerbsdrucks ausländischer Anbieter seine operative Tätigkeit nach und nach einstellen musste und nun vor dem endgültigen Aus steht. Nur eine neue Idee kann das Unternehmen retten – und den verbliebenen Aktionären die erlittenen Kursverluste mindestens teilweise wieder ersetzen.

Ausgangssituation

Spinnerei Falkenwald AG, Januar 2006

Das 1828 gegründete traditionsreiche Textilunternehmen Spinnerei Falkenwald AG hat 2001 nach ständigen Verlusten seine operative Tätigkeit auf-

gegeben. Die Maschinen konnten zwischen 2002 und 2005 an ehemalige Wettbewerber verkauft werden.
Geblieben sind drei Mitarbeiter, Immobilien und hohe Verbindlichkeiten gegenüber Banken. Der Immobilienbesitz besteht aus drei Grundstücken mit Gebäuden in Falkenwald und den Nachbargemeinden Falkenmoor und Falkenstein. Sie sind vermietet, die Mieter am Kauf interessiert.
Der Vorstand und Hauptaktionär des Unternehmens hat hohe Kursverluste erlitten, die er natürlich gern ausgleichen möchte, und beschäftigt sich nun Anfang Januar 2006 mit der Frage, wie es weitergehen soll. Als Ausgangspunkt für seine Überlegungen wählt er zunächst die vorläufige GuV per 31.12.2005.

GuV Spinnerei Falkenwald 31.12.2005

GuV Werte in Euro	2005
Umsatzerlöse	270.000
Sonstige betriebliche Erträge	0
Direkte Kosten	15.000
Deckungsbeitrag	**255.000**
Verwaltung	215.000
Technik	0
Marketing & Vertrieb	0
Abschreibungen	240.000
Rückstellungen	0
Betriebskosten	**455.000**
Betriebsergebnis	**-200.000**
Zinsaufwand	450.000
Zinsertrag	0
Außerord. Aufwand	0
Außerord. Ertrag	400.000
Vorläufiges Ergebnis vor Steuern	**-250.000**
Steuern E/E	0
Jahresüberschuss/-fehlbetrag	**-250.000**
Ausschüttungen	0
Rücklagen	0
Bilanzergebnis	**-250.000**

Das Unternehmen konnte 2005 einen Umsatz von 270.000 Euro erzielen, die Mieteinnahmen aus den Immobilien. Demgegenüber stehen direkte

Kosten von 15.000 Euro für Reparaturen und Erhaltung der Gebäude, sodass immerhin ein Deckungsbeitrag von 255 .000 Euro verbleibt.
Die indirekten Kosten von 215.000 Euro bestehen zu ca. 70 Prozent aus Personalkosten – Gehälter und Sozialabgaben für den Vorstand und die verbliebenen drei Mitarbeiter. Der Rest sind allgemeine Verwaltungskosten wie Telefon, Büromaterial, Rechtsberatungs- und Reisekosten etc. (Die genaue Aufschlüsselung interessiert in diesem Zusammenhang nicht weiter.)
Das Betriebsergebnis vor AfA ist mit +40.000 Euro noch positiv, wandelt sich durch die Gebäude-AfA von 240.000 Euro aber in ein negatives Betriebsergebnis von -200.000 Euro (zur AfA siehe auch Bilanzanalyse 2005 weiter unten).
Schon hier sieht der Vorstand, dass es fast aussichtslos ist, bei Fortführung des aktuellen Geschäfts auch nur das Betriebsergebnis wieder in die Gewinnzone zu bringen:

Fortführung des aktuellen Geschäfts aussichtslos

- Der Umsatz lässt sich auf absehbare Zeit nicht erhöhen, da bis auf den eigenen Büroraum alle Gebäude zu marktüblichen Konditionen langfristig vermietet sind.
- Die direkten Kosten (Instandhaltung der Gebäude) lassen sich nicht senken. Trotz des guten Zustands der Gebäude werden irgendwann größere Reparaturen auftreten, sodass die direkten Kosten mindestens in einigen der Folgejahre über dem jetzigen Niveau liegen werden.
- Bei den indirekten Kosten könnten Einsparungen von maximal 150.000 Euro erzielt werden. Diese Option hat der Vorstand noch nicht ausgeübt, da der weitere Weg der Spinnerei Falkenwald unklar ist.
- Das Einsparungsszenario könnte wie folgt aussehen: Der Vorstand bleibt einziger Mitarbeiter, kümmert sich um alle Mietangelegenheiten und Veranlassung von Reparaturen selbst und verzichtet auf 50 Prozent seiner Bezüge, die Sachkosten werden auf das absolut notwendige Minimum gesenkt. Aber selbst dieser radikale Schnitt genügt nicht für ein zukünftig mindestens ausgeglichenes Betriebsergebnis: Auch dann bleibt hier ein Minus von ca. 50.000 Euro stehen.

Die Chancen sind also äußerst gering, das operative Geschäft Gewinn bringend zu gestalten. Unser Vorstand untersucht nun die restlichen Teile der Gewinn und Verlustrechnung (GuV).

Die außerordentlichen Erträge von 400.000 Euro in 2005 resultieren aus dem Verkauf der letzten Maschinen des Textilbetriebs. Dieses Ergebnis lässt sich nicht wiederholen, da keine Maschinen mehr da sind.
Schon für 2005 beträgt der Zinsaufwand 450.000 Euro. Er wird in den Folgejahren zunehmen, da aufgrund der permanenten Verluste das zugrunde liegende Kreditvolumen ständig anwächst – falls überhaupt eine Bank gefunden wird, die mitspielt.
Die Konsequenz aus der Analyse der GuV 2005 ist die Chancenlosigkeit der Fortführung des Vermietungsgeschäfts der Spinnerei Falkenwald.
Selbst bei äußerstem Sparkurs steigen die Verluste und werden bald eine Dimension von gut 750.000 Euro p. a. annehmen, mit wachsender Tendenz. Die projektive GuV bis 2008 des Sparkursszenarios reflektiert diese Aussichtslosigkeit:

Sparkurs: GuV Spinnerei Falkenwald 2005-2008

GuV, Werte in Euro	2005	2006	2007	2008
Umsatzerlöse	270.000	270.000	270.000	270.000
sonstige betriebliche Erträge	0	0	0	0
Direkte Kosten	15.000	15.000	15.000	15.000
Deckungsbeitrag	**255.000**	**255.000**	**255.000**	**255.000**
Verwaltung	215.000	65.000	65.000	65.000
Technik	0	0	0	0
Marketing & Vertrieb	0	0	0	0
Abschreibungen	240.000	240.000	240.000	240.000
Rückstellungen	0	0	0	0
Betriebskosten	**455.000**	**305.000**	**305.000**	**305.000**
Betriebsergebnis	**-200.000**	**-50.000**	**-50.000**	**-50.000**
Zinsaufwand	450.000	500.000	521.529	800.233
Zinsertrag	0	0	0	0
Außerord. Aufwand	0	0	0	0
Außerord. Ertrag	400.000	0	0	0
Vorläufig. Ergebnis v. Steuern	**-250.000**	**-550.000**	**-571.529**	**-850.233**
Steuern E/E	0	0	0	0
Jahresüberschuss/-fehlbetrag	**-250.000**	**-550.000**	**-571.529**	**-850.233**
Ausschüttungen	0	0	0	0
Rücklagen	0	0	0	0
Bilanzergebnis	**-250.000**	**-550.000**	**-571.529**	**-850.233**

Auch die Liquiditätsentwicklung des Sparkursszenarios zeigt ein trauriges Bild. Dabei wird von der vertragsgemäßen Rückzahlung des Darlehens von 6 Mio. Euro in 2008 ausgegangen; zum Darlehen siehe auch Bilanzanalyse 2005. Das zurückgezahlte Darlehen erscheint in der Liquiditätsplanung für 2008 unter „Auszahlung Tilgung“, die Gegenbuchung erfolgt als erhöhter Kontokorrentkredit unter „Endbestand Bank“. Diese Situation würde ohne entsprechende Sicherheiten von keiner Bank mitgetragen. Damit wäre in naher Zukunft die „Zahlungsunfähigkeit“ gegeben, die „drohende Zahlungsunfähigkeit“ ist jetzt schon da.

Cash Flow 2006–2008

Liquidität, Werte in Euro	2006	2007	2008
Anfangsstand Bank	**-3.000.000**	**-3.313.067**	**-3.644.596**
Einnahmen aus Forderungen	363.200	313.200	313.200
Einzahlung Zinseinnahmen	0	0	0
Einnahmen aus Desinvestitionen	0	0	0
Einzahlung Neuaufnahme v. Darlehen	0	0	0
Einzahlungen sonst. Forderungen	0	0	0
Außerord. Ertrag	0	0	0
Eigenkapitalveränderung	0	0	0
Summe Cash In	**363.200**	**313.200**	**313.200**
Auszahlung Personalaufwand	40.000	40.000	40.000
Auszahlg. Material- und sonst. Aufwand	102.533	46.400	46.400
Auszahlung Zinsaufwand	500.000	521.529	800.233
Auszahlung Investitionen	0	0	0
Auszahlung Tilgung	0	0	6.000.000
Auszahlung Steuern	0	0	0
Auszahlung Umsatzsteuersaldo	33.733	36.800	36.800
Sonstige Auszahlungen	0	0	0
Ausschüttungen	0	0	0
Summe Cash Out	**676.267**	**644.729**	**6.924.433**
Endstand Bank	**-3.313.067**	**-3.644.596**	**-10.254.829**

Trotzdem wendet sich unser Vorstand der Bilanzanalyse zu, um vielleicht hier positive Ansatzpunkte zu entdecken.

In der Bilanz steht ein Anlagevermögen von 10,5 Mio. Euro. Es umfasst die Immobilien zu Verkehrswerten:

- Grundstücke 4,5 Mio. Euro
- Gebäude 6 Mio. Euro

Bilanz 31.12.2005

Bilanz, Werte in Euro	2005
Anlagevermögen	10.500.000
Investitionen	0
Abschreibungen	240.000
Summe Anlagevermögen	**10.260.000**
Vorräte	0
Forderungen	50.000
Sonstige Forderungen	0
Flüssige Mittel	250.000
Summe Umlaufvermögen	**300.000**
Summe Aktiva	**10.560.000**
Eigenkapital	1.500.000
Rücklagen	0
Gewinn-/Verlustvortrag	0
Bilanzergebnis lfd. Periode	-250.000
Summe Eigenkapital	**1.250.000**
Pensionsrückstellungen	0
Sonstige Rückstellungen	0
Langfristige Verbindlichkeiten	6.000.000
Summe langfristige Verbindlichkeiten	**6.000.000**
Kontokorrent	3.250.000
Verbindlichkeiten Lieferanten	60.000
Sonstige Verbindlichkeiten	0
Umsatzsteuerverbindlichkeiten	0
Steuerverbindlichkeiten E/E	0
Verbindlichkeiten Personal	0
Summe kurzfristige Verbindlichkeiten	**3.310.000**
Summe Passiva	**10.560.000**

Die Gebäude-AfA beträgt vier Prozent oder 240.000 Euro p. a., außerdem stehen auf der Aktivseite 250.000 Euro liquide Mittel und ausstehende Forderungen von 50.000 Euro. Das ergibt eine Bilanzsumme von 10.560.000 Euro.

Auf der Passivseite der Bilanz wird das Eigenkapital von 1,5 Mio. Euro um den Verlust von 250.000 Euro aus 2005 auf 1,25 Mio. Euro verringert. Sorge bereiten auch die hohen Verbindlichkeiten von 9,25 Mio. Euro, aufgeteilt in

- langfristiges Darlehen von 6 Mio. Euro zu vier Prozent p. a., rückzahlbar am 31.12.2008,
- Kontokorrentkredit von 3,25 Mio. Euro zu acht Prozent p. a.

Die Zinsen schlagen 2006 mit 500.000 Euro p. a. zu Buche und werden wegen der zu erwartenden Verluste genauso wie die Kredite zunehmen. Die projektive Bilanz zeigt, dass spätestens 2008 eine Überschuldung zu erwarten ist, das Eigenkapital wird negativ und die Verschuldung übersteigt das Anlagevermögen: Das Unternehmen würde in den Konkurs gehen.
Unser Vorstand zieht das Fazit: Die Fortführung des Unternehmens mit dem jetzigen Vermietungsgeschäft ist absolut aussichtslos, in naher Zukunft drohen Zahlungsunfähigkeit und Überschuldung. Er muss also einen völlig andersartigen Ansatz zum Weitermachen finden oder er stellt besser bald einen Insolvenzantrag, um nicht wegen Konkursverschleppung belangt zu werden.
Der Vorstand betrachtet die Bilanz noch einmal. Der aktuelle Verkehrswert der Immobilien beläuft sich auf ca. 10,25 Mio. Euro. Gelingt es, die Immobilien zu etwa diesem Preis zu verkaufen, können die Kredite von ca. 9,25 Mio. Euro zurückgezahlt werden und es bleibt noch etwas Geld für einen Neuanfang übrig: Es muss also eine neue Idee her.

Bilanzen 2005-2008

Bilanz, Werte in Euro	2005	2006	2007	2008
Anlagevermögen	10.500.000	10.260.000	10.020.000	9.780.000
Investitionen	0	0	0	0
Abschreibungen	240.000	240.000	240.000	240.000
Summe Anlagevermögen	**10.260.000**	**10.020.000**	**9.780.000**	**9.540.000**
Vorräte	0	0	0	0
Forderungen	50.000	0	0	0
Sonst. Forderungen	0	0	0	0
Flüssige Mittel	250.000	0	0	0
Summe Umlaufvermögen	**300.000**	**0**	**0**	**0**
Summe Aktiva	**10.560.000**	**10.020.000**	**9.780.000**	**9.540.000**
Eigenkapital	1.500.000	1.500.000	1.500.000	1.500.000
Rücklagen	0	0	0	0
Gewinn-/Verlustvortrag	0	-250.000	-800.000	-1.371.529
Bilanzergebnisse lfd. Periode	-250.000	-550.000	-571.529	-850.233
Summe Eigenkapital	**1.250.000**	**700.000**	**128.471**	**-721.762**
Pensionsrückstellungen	0	0	0	0
Sonstige Rückstellungen	0	0	0	0
Langfr. Verbindlichkeiten	6.000.000	6.000.000	6.000.000	0
Summe langfr. Verbindl. keiten	**6.000.000.**	**6.000.000**	**6.000.000**	**0**
Kontokorrent	3.250.000	3.313.067	3.644.596	10.254.829
Verbindlichkeiten Lieferanten	60.000	3.867	3.867	3.867
Sonst. Verbindlichkeiten	0	0	0	0
Umsatzsteuerverbindlichkeiten	0	3.067	3.067	3.067
Steuerverbindlichkeiten E/E	0	0	0	0
Verbindlichkeiten Personal	0	0	0	0
Summe kurzfr. Verbindl. keiten	**3.310.000**	**3.320.000**	**3.651.529**	**10.261.762**
Summe Passiva	**10.560.000**	**10.020.000**	**9.780.000**	**9.540.000**

Spinnerei Falkenwald: Darstellung der Ausgangssituation im Business Plan

Nur wichtigste Hintergrundinformationen

In einen knappen, prägnanten Business Plan gehören natürlich nicht alle hier durchgeführten Überlegungen und Analysen hinein. Wichtig sind die Hintergrundinformationen zum Verständnis der Situation, die Ergebnisse der Überlegungen sowie einige grundlegende Zahlen zum Untermauern der Schlussfolgerungen.

In unseren Musterplan gehören deshalb:

- kurze Vorgeschichte zum Verständnis der Situation;
- verkürzte, projektive GuV, um die dauerhaften Verluste des Vermietungsgeschäfts zu zeigen;
- die damit nachvollziehbare Konsequenz des baldigen Konkurses;
- Anlagevermögen und Verbindlichkeiten der Bilanz 2005, um die Chance für den Neuanfang zu zeigen.

Das entsprechend ausformulierte Kapitel steht im Musterplan im letzten Teil dieses Buches.

Die Idee: drahtesel.de – das Fahrrad aus dem Internet

Idee, die Neuanfang ermöglicht

Wir kommen zurück auf die Ausgangssituation der Spinnerei Falkenwald AG: Es wird eine Idee gesucht, die einen geschäftlichen Neuanfang ermöglicht. Mit etwas Glück, wenn die Immobilien ungefähr zum Verkehrswert verkauft werden können, steht nach Rückzahlung der Kredite ein kleines Startkapital von 0,5 bis 1 Mio. Euro zur Verfügung. Dieses müsste unter Umständen von einem privaten Investor oder einer VC-Gesellschaft ergänzt werden. Es hängt also vieles von der Idee ab.
Nach einigen Recherchen findet unser Vorstand im Fahrradmarkt die folgende Situation vor:

- Der Markt für hochwertige Fahrräder (Mountain-, Racing- und Trekkingbikes ab 750 Euro Endverbraucherpreis) ist in den letzten Jahren ständig gewachsen.
- Käufer solcher Räder wünschen eine individuelle Fahrradkonfiguration.
- Dies ist bei der üblichen Bestellung über den Fachhandel mit einer langen Wartezeit von vier bis sechs Wochen verbunden.
- Alternativ muss der Kunde nehmen, was beim Fachhandel vorrätig ist.

Unser Vorstand stellt nun folgende Überlegung an: Könnte er ein Angebotspaket schnüren, dass es dem Käufer ermöglicht, ein individuell zusammengestelltes Fahrrad in erheblich kürzerer Zeit zu bekommen, dann könnte er den (potenziellen) Kunden einen echten zusätzlichen Nutzen hoher Attraktivität bieten. Wer wartet schon gerne vier Wochen, wenn er es zum

gleichen Preis in – sagen wir – drei bis vier Tagen bekommen kann? Oder umgekehrt, wer wartet nicht gerne drei bis vier Tage, um ein maßgeschneidertes Fahrrad zu bekommen statt eines von der Stange?
Unser Vorstand begibt sich nun daran, seine Idee zu formulieren. Kern des Pakets für die Realisierung der kurzen Lieferzeit ist der ausschließliche Vertrieb über das Internet, mit Bestellung und Auftragsbestätigung online.

Die Idee

- Angebot hochwertiger Fahrräder (ab 750 Euro Endverbraucherpreis) ausschließlich über das Internet. Der Fachhandel wird dazu nicht benötigt, es entfällt eine Handelsstufe: Wettbewerbsvorteil Nr. 1.
- Auf der einzurichtenden Homepage kann sich der Kunde das gewünschte Fahrrad individuell zusammenstellen, am Bildschirm sieht er Konfiguration, Farbe und zugehörigen Preis.
- Die Bestellung erfolgt per Mausklick, die Auftragsbestätigung per E-Mail in die Mailbox, die Auslieferung innerhalb 48 Stunden.
- Kundennutzen: Der Käufer erhält sein Wunschfahrrad nach 48 Stunden, statt nach vier bis sechs Wochen über den Fachhandel: Wettbewerbsvorteil Nr. 2.
- Keine Eigenfertigung (zum Beispiel Schweißen des Rahmens), nur Montage; Zukauf aller Teile; für schlanke Organisation, Flexibilität und geringen Kapitalbedarf.
- Eigene Produktentwicklung und -spezifikation, um der Entwicklung des Marktes schnell und flexibel folgen zu können.
- Zur Gewinnung von Glaubwürdigkeit im Markt, Umfirmierung von „Spinnerei Falkenwald AG“ in „drahtesel.de AG“.

Der deutsche Markt für Fahrräder (alle Zahlen fiktiv)

- Größe 2005: 6 Mio. Stück p. a.
- Segment über 750 Euro: 1 Mio. Stück p. a., stark wachsend.
- Segmentanteile: Mountainbikes 40 Prozent, Trekkingbikes 35 Prozent, Racingbikes 25 Prozent.
- Distribution (für das Segment > 750 Euro): 100 % Fachhandel.

- Kundenwunsch (Segment > 750 Euro): Individuelle Konfiguration des Fahrrads; diese sollte am besten sofort verfügbar sein.

Kann dort mit der Idee Geld verdient werden?

- Für das erste Marketingjahr wird ein Absatz von 2.000 Stück angestrebt.
- Im dritten Marketingjahr sollte ein Marktanteil von zwei Prozent oder mindestens 20.000 Stück möglich sein.
- Durch die Einsparung der Handelsmarge können Mehrpreise für anfängliche Mindermengen im Einkauf getragen werden, mittel- bis langfristig entsteht gegenüber der Branche ein Kostenvorteil.
- Dieser Wettbewerbsvorteil dürfte einen Vorlauf von mindestens sechs, eher zwölf Monaten haben. Selbst danach wird es für die etablierten Mitbewerber schwierig, ihre Distribution radikal auf Internet umzustellen: Widerstände des Fachhandels und/oder erhebliche finanzielle Zugeständnisse sind zu erwarten. Newcomer werden sechs bis zwölf Monate für das Kopieren der Idee benötigen.
- Grobkalkulation (Durchschnitt Sortiment):

Endpreis o. MwSt.		1.000 Euro	
Direkte Kosten:			
Material	400 Euro		
Montage	65 Euro		
Versand	20 Euro		
Total	485 Euro		
Direkte Kosten total		485 Euro	
Deckungsbeitrag pro Stück		515 Euro	/ > 50 %

- Im ersten Marketingjahr würde bei einem Umsatz von 2 Mio. Euro (2.000 Stück × 1.000 Euro) ein Deckungsbeitrag von mindestens 1 Mio. Euro erwirtschaftet.

drahtesel.de: Die Idee im Business Plan

Die hier erarbeitete Formulierung der Idee kann für den Business Plan weitgehend übernommen werden.

Marketingkonzept

Wir kehren jetzt zurück zu unserem Vorstand. Nachdem er die Geschäftsidee formuliert hat, wendet er sich dem Marketingkonzept zu.

Relevanter Markt

Zielsegment festlegen

Der für ihn relevante Markt ist der deutsche Markt für Fahrräder und hier speziell das Segment für Fahrräder mit einem Endpreis von über 750 Euro, sein Zielsegment. Er hat dieses Zielsegment aus mehreren Gründen gewählt. Erstens, in den Niedrigpreissegmenten tummeln sich all die Massenhersteller mit ihren Kostenstrategien, einschließlich denen aus Fernost. Um hier wettbewerbsfähig zu sein, müsste er eine entsprechend große Produktion aufbauen, möglicherweise in einem lohngünstigeren Ausland. Dann muss diese Menge an Fahrrädern abgesetzt werden, das heißt, ein entsprechender Vertriebsapparat muss aufgebaut werden. Dieser muss wiederum durch ein adäquates Werbebudget unterstützt werden. Eine solche Vorgehensweise würde eine derartige Menge an Finanz- und Managementressourcen erfordern, dass das Gelingen für unseren Vorstand nur theoretische Chancen hätte.
Zweitens, in den unteren Segmenten ist das Käuferverhalten anders, es wird mehr „von der Stange" gekauft. Selbst individuelle Wünsche können leichter erfüllt werden, weil es einerseits weniger Ausstattungsvarianten gibt und auf der anderen Seite der Bestand an Fahrrädern im Handel erheblich höher ist. Das wiederum hat zur Folge, dass die Geschäftsidee in den unteren Segmenten kaum einen Wettbewerbsvorteil bringen würde.
Der Vorstand betrachtet nun die von ihm herausgefundenen Marktdaten.

- **Größe:** Gesamtmarkt Deutschland (alle Segmente): 6 Mio. Stück p. a.
- Größe des Zielsegments (Fahrräder > 750 Euro): 1 Mio. Stück p. a.
- **Anteile im Zielsegment:** Mountainbikes 40 Prozent, Trekkingbikes 35 Prozent, Racingbikes 25 Prozent.
- **Wachstum im Zielsegment:** sechs bis acht Prozent p. a. in den letzten Jahren, ein Rückgang des Wachstums in naher Zukunft wird nicht erwartet.

- **Wettbewerb:** Die Anbieter für das Zielsegment distribuieren zu 100 Prozent über den Fachhandel.
- **Käufer** solcher Räder wünschen eine individuelle Fahrradkonfiguration. Dies ist bei der üblichen Bestellung über den Fachhandel mit einer langen Wartezeit verbunden. Alternativ muss der Kunde nehmen, was beim Fachhandel vorrätig ist.
  ⇒ Daraus resultiert eine Schwäche des Wettbewerbs, die drahtesel.de ausnutzen will.

Sortiment

Unser Vorstand entscheidet, in jedem Segment des Hochpreismarkts mit je einem Grundmodell und individueller Ausstattung präsent zu sein.

Positionierung

- **Endverbraucher:** Preislich und qualitativ liegt drahtesel.de auf dem Niveau des Wettbewerbs. USP: Schnellste Lieferung individueller Konfigurationen auf dem Markt.
- **Handel:** entfällt.
- **Wettbewerb:** Schnellere Auslieferung individueller Konfigurationen.

Strategische Preispositionierung

Endverbraucherpreis im unteren Drittel des Hochpreismarkts.

Strategie mit hohem Deckungsbeitrag

Dies ist eine Abschöpfungsstrategie mit hohem Deckungsbeitrag, da eine Handelsstufe entfällt. Der Vorstand entscheidet sich für diese Strategie, um einmal möglichst früh in die Gewinnzone zu kommen und zum anderen keine Gegenangriffe des Wettbewerbs zu provozieren, solange er sich noch in der Aufbauphase befindet.

Preispositionierung und Produkt-Kalkulation Standardmodelle

Produkt-Kalkulation

Werte in Euro	Trekkingbike	Mountainbike	Racingbike
Endpreis Euro inkl. MwSt.	999,00	1.399,00	1.890,00
Endpreis Euro ohne MwSt.	**861,21**	**1.206,03**	**1.637,07**
Material	400,00	600,00	750,00
Montage	65,00	65,00	65,00
Versand	20,00	20,00	20,00
Garantie	5,00	8,00	10,00
Direkte Kosten	**490,00**	**693,00**	**845,00**
Deckungsbeitrag Euro	**371,21**	**513,03**	**792,07**
Deckungsbeitrag %	43 %	43 %	48 %

Vertrieb

Angebot und Bestellung gehen zu 100 Prozent über das Internet. Die physische Auslieferung erfolgt über einen Paketdienst. Garantie- und Servicearbeiten werden von einem Netz von Vertragstankstellen mit eigener Werkstatt durchgeführt.

Werbung

Es wird ein für Markenartikler üblicher Satz von acht Prozent vom Umsatz eingeplant, der über das gesamte Jahr verteilt wird.
In der späteren Feinplanung des eigentlichen Marketingplans wird der daraus resultierende Betrag auf feste, auf einzelne Aktionen bezogene Budgets verteilt. Der Grund dafür liegt in der einfachen Tatsache, dass die Umsätze den Werbeausgaben folgen und nicht umgekehrt.

Kommunikation

Über Internet, Bannerwerbung, später monatliche Auktionen; zur Markteinführung Werbung in Fachzeitschriften.

Absatzplanung

Platzierung des Angebots im Internet ist für Mitte Juli 2006 geplant, Auslieferungsstart für August 20046 Die Einführung der Produkte erfolgt schrittweise, um die Anlaufphase zu erleichtern.

Absatzplanung drahtesel.de

Absatz in	Aug 06	Sep 06	Okt 06	Nov 06	Dez 06	2006	2007	2008
TB	60	90	90	70	100	410	2.000	6.400
MB	0	50	70	60	80	260	1.400	4.300
RB	0	0	20	30	50	100	600	2.000
Summe	**60**	**140**	**180**	**160**	**230**	**770**	**4.000**	**12.700**

Das Marketingkonzept im Business Plan

Mit Ausnahme der absichtlich ausführlicher dargestellten Überlegungen und Kommentare können die hier erarbeiteten Entscheidungen direkt in den Business Plan übernommen werden.

drahtesel.de: Organisation und Geschäftsablauf

Geschäftsablauf

Organisation wichtig für Umsetzung der Idee

Nach Fertigstellung des Marketingkonzepts befasst sich unser Vorstand jetzt mit der Frage, wie die Geschäftsabläufe organisiert werden können, um seine Idee möglichst reibungslos und kostengünstig umzusetzen. Der Fokus ist auf den Kunden und die Befriedigung seiner Wünsche gerichtet. Um dies sicherzustellen, müssen die Kernfunktionen im Unternehmen gehalten werden, der Rest wird so weit wie möglich ausgelagert.
Der Geschäftsablauf ergibt sich dann wie folgt.

- Ständige Beobachtung des Markts sichert das frühe Erkennen von Käufertrends und Aktivitäten des Wettbewerbs.

- Die beobachteten Trends werden umgesetzt in die Pflege bestehender und die Spezifikation/Entwicklung neuer Produkte.
- Die Ressourcenverteilung auf die einzelnen Produkte wird nach den Prinzipien des Portfolio Managements vorgenommen.
- Das daraus resultierende, stets aktuell gehaltene Sortiment wird auf einer interaktiven Homepage vorgestellt.
- Auf dieser kann der Käufer sein Wunschfahrrad aus den vorgegebenen Kombinationsmöglichkeiten zusammenstellen. Für jede Variation erfährt er sofort den resultierenden Endpreis. Ist er zufrieden, kann er per Mausklick die Bestellung aufgeben. Die Auftragsbestätigung mit Liefertermin wird umgehend in seine Mailbox geschickt

- Im Unternehmen wird nach Erhalt der Bestellung ein entsprechender Auftrag an die Montage gegeben. Nach Prüfung des Lagerbestands erhält der Käufer seine Auftragsbestätigung. In der Regel sollte das bestellte Fahrrad das Werk, je nach Uhrzeit der Bestellung, am gleichen oder spätestens am nächsten Werktag verlassen.
- Die Auslieferung an den Kunden erfolgt durch einen Paketdienst innerhalb der folgenden 24 Stunden.

- Die für die Ausführung der Bestellung verbauten Teile werden nachbestellt.
- Für den gegebenenfalls notwendigen Reparatur- und Garantieservice wird ein Tankstellennetz mit eigenen Werkstätten unter Vertrag genommen.
- Ebenfalls ausgelagert werden Buchhaltung und Bilanzierung an einen Wirtschaftsprüfer.

Organisation

Aus dem Geschäftsablauf und den Kerntätigkeiten ergeben sich die zu besetzenden Funktionen. Sie werden hier mit den vom Vorstand geplanten Jahresgehältern angegeben. Die Nominalgehälter werden aufgrund der Turn Around-Situation niedrig gehalten und mit attraktiven Stock Options für den Erfolgsfall ergänzt. Auf das Bonussystem wird nicht näher eingegangen, da es sich hier um ein Buch über Business Pläne handelt, nicht über attraktive Entlohnungssysteme.

Marketing/Vertrieb

- Ein Product Manager (PM), 50 .000 Euro p. a.
  Seine Aufgaben sind Marktbeobachtung, Input in die Produktentwicklung, Lebenszyklus und Portfolio Management der Produkte des Sortiments, Werbung, besondere Verkaufsaktivitäten.
- Zwei Sachbearbeiter Auftragsdurchlauf, je 24 .000 Euro p. a.
  Sie leiten die Bestellungen aus dem Internet an die Montage weiter und erteilen dem Käufer die Auftragsbestätigung. Mindestens in der Anfangsphase berichten sie dem PM.

Technik

- Ein Technical Manager, 40.000 Euro p. a.
  Sein Hauptgebiet ist die Produktentwicklung, er erstellt die technischen Spezifikationen für Produktpflege und Neuentwicklungen. Er ist verantwortlich für die Qualitätssicherung und leitet den Bereich Technik.

- Montage mit zunächst drei Mitarbeitern; durchschnittl. 21.000 Euro p. a. Die Anzahl wird mit dem Verkaufsvolumen ansteigen. Einer von ihnen ist als Vorarbeiter verantwortlich für pünktliche Montage.
- Ein Mitarbeiter Einkauf/Logistik, 30.000 Euro p. a.
- Ein Mitarbeiter Lager/Auslieferung, 21.000 Euro p. a.

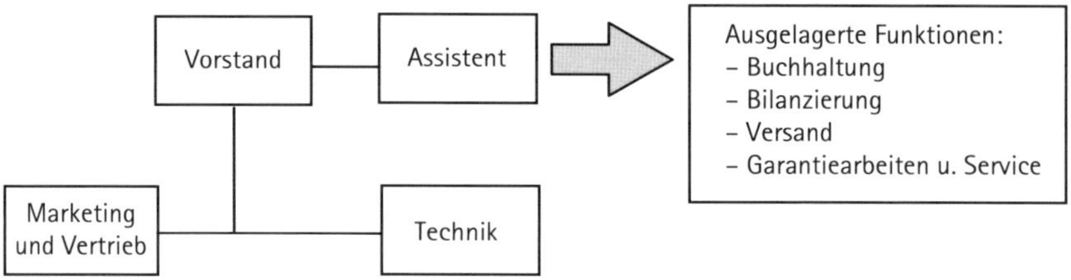

Organisation drahtesel.de AG

Verwaltung

- Ein Vorstand, ressortlos, 72.000 Euro p. a.
  Strategische Führung und Vertretung des Unternehmens nach außen, zum Beispiel Banken, Investoren, Analysten etc.
- Ein Assistent, 24.000 Euro p. a.
  Neben allgemeinen Assistenzaufgaben ist er Ansprechpartner für die ausgelagerten Funktionen Buchhaltung, Bilanzierung, Auslieferung sowie Service- und Garantiearbeiten.

Neben den Personalkosten plant der Vorstand die indirekten Sachkosten. Unter dem Begriff „laufende Sachkosten“ werden hier die Positionen Raummiete, Büromaterial, Porto, Telefon, Reisekosten, Beratung, Internet, Pflege der Homepage und Sonstiges zusammengefasst, ohne sie im Detail aufzulisten. Die Zusammensetzung der laufenden Sachkosten ist für jeden der Bereiche unterschiedlich.

Budgets

Verwaltung

- Lfd. Sachkosten 14.500 Euro
- Umzug (einmalig) 10.000 Euro
  Da geplant ist, die Immobilie zu verkaufen, in der das Unternehmen jetzt seinen Sitz hat, muss in gemietete Räume umgezogen werden.

Marketing und Vertrieb

- Lfd. Sachkosten 9.000 Euro
- Homepage einrichten (einmalig) 25.000 Euro
- Werbebudget 8 % v. Umsatz

- Normalerweise würde das Budget monatlich in Tausend Euro geplant werden. Da eine detaillierte Marketingplanung aber noch nicht vorliegt, wird ein für Markenartikler üblicher Schnittsatz angenommen.

Technik

- Lfd. Sachkosten 6.000 Euro

Organisation und Geschäftsablauf im Business Plan

In den Business Plan werden natürlich nicht alle Überlegungen und Kommentare übernommen, sondern nur die wesentlichen Ergebnisse: der Ablauf, die Kernfunktionen und die resultierende Organisation.
Um dem Leser des Plans ein Gefühl für die Struktur der indirekten Kosten zu geben, sollten die Budgets der einzelnen Bereiche aufgelistet werden. Allerdings weniger detailliert als in der eben erarbeiteten Form, die uns aber auch als Input in den Finanzplan dient.

Umsetzung

Zur Umsetzung der drahtesel-Idee sind folgende Aktivitäten wesentlich:

- Verkauf der Immobilie, Ziel: >= 10 Mio. Euro, zur Finanzierung des Neugeschäfts.
  Die Realisierung dieses Vorhabens ist Grundlage für Umsetzung der gesamten drahtesel-Idee. Ohne Verkauf der Immobilie zu einem akzeptablen Preis wird gar nichts laufen.
- Kapitalerhöhung zur Sicherstellung der Liquidität (vermutlich notwendig; diese ist dann fast so wichtig wie der Verkauf der Immobilie).
- Einstellung geeigneter Mitarbeiter.
- Erstellung der Homepage drahtesel.de.
- Durchführung der Investitionen in Technik, Vertrieb und Verwaltung.
- Feinspezifikation der drei verschiedenen Biketypen, Varianten und Sonderausstattungen.
- Rechtzeitige Bestellung der Teile zum Verkaufsbeginn.

Umsetzungsfahrplan

Die aufgelisteten notwendigen Aktivitäten zur Umsetzung der drahtesel-Idee lassen sich übersichtlich in der folgenden Graphik zusammenfassen.

Umsetzungsfahrplan Drahtesel.de AG

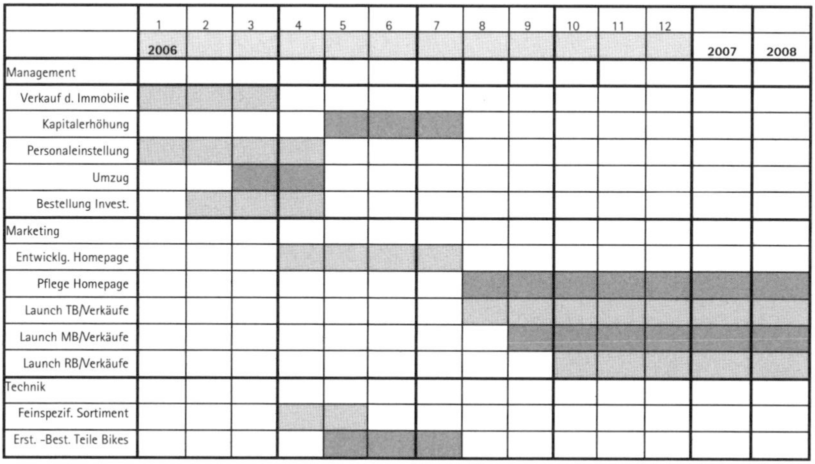

Auch die Verantwortlichkeiten lassen sich der Graphik entnehmen.
Für die Positionen „Verkauf der Immobilie“ bis „Bestellung der Investitionen“ ist allein der Vorstand verantwortlich – sonst ist ja noch niemand vom Management da.
Er muss umgehend den Verkauf der Immobilie beurkunden, um rechtzeitig für den geplanten Verkaufsstart die Investitionen bestellen zu können.
Dann muss er ebenfalls schnell den Product Manager und den Technical Manager einstellen, damit die Spezifikation des Sortiments und die Erstellung der Homepage in Angriff genommen werden können.
Ein ehrgeiziger, aber mit etwas Glück machbarer Zeitplan.

drahtesel.de: Die Umsetzung im Business Plan

Kritische Aktivitäten und Tabellen werden mit verkürzten Kommentaren in den Musterplan übernommen.

Finanzplan

drahtesel.de: Erarbeitung des Finanzplans

In unserem speziellen Fall wurden bereits ausreichend detaillierte Annahmen getroffen für:

- Produkt-Kalkulation
- Preisstellung und Absatzplanung der Produkte
- Indirekte Kosten: Werbebudget, Personal- und Sachkosten

Es fehlen noch konkrete Zahlen für die zu tätigenden Investitionen, den Verkauf der Immobilie und einige Finanzparameter, zum Beispiel Zahlungsziele, durchschnittliche Lagerdauer und Kontokorrentzinsen. Diese Faktoren können einen nicht zu unterschätzenden Einfluss mindestens auf die Liquidität haben. Mit den folgenden Annahmen gehen wir in eine erste Hochrechnung.

Investitionen:

• Büro inkl. Software (2006)	75.000 Euro
• Betriebsausstattung (2006)	425.000 Euro
Betriebsausstattung (2007)	250.000 Euro
Betriebsausstattung (2008)	250.000 Euro
• Verkauf Immobilie (April 2006)	10 Mio. Euro

(damit Rückzahlung von Kontokorrent und Darlehen)
(der Verkauf von Anlagevermögen wird als negative Investition bzw. Desinvestition aufgefasst)

Finanzparameter:

• Zahlfrist Lieferanten, Kunden, Investitionen	30 Tage
• Zahlfrist Gehälter	0
• Lagerdauer Vorräte	30 Tage
• Kontokorrent Soll/Haben	8 %/3 %
• Ertragssteuern	39 % Gew. v. St.

Basis: 20 % Gewerbesteuer, 25 % Körperschaftsteuer, 5,5 % Soli.

Sonstiges:

Mieteinnahmen entfallen ab April 2006.

drahtesel.de: Hochrechnungen

Wir tasten uns nun über einige Hochrechnungen an den endgültigen Finanzplan heran. Eine erste GuV mit den bis jetzt geplanten Zahlen zeigt unserem Vorstand eine recht erfreuliche Entwicklung im Verlauf des Jahres 2006.

Entwicklung monatliche GuV 2006

GuV Werte in Euro	Jan.	Feb.	Mär.	Apr.	Mai	Jun.	Jul.	Aug.	Sep.	Okt.	Nov.	Dez.
Umsatzerlöse	22.500	22.500	22.500	0	0	0	0	51.660	137.790	194.650	181.740	264.430
Sonst. betriebl. Ertr.	0	0	0	0	0	0	0	0	0	0	0	0
Direkte Kosten	1.250	1.250	1.250	0	0	0	0	29.400	78.750	109.510	101.230	146.690
Deckungsbeitrag	**21.250**	**21.250**	**21.250**	**0**	**0**	**0**	**0**	**22.260**	**59.040**	**85.140**	**80.510**	**117.740**
Verwaltung	13.800	13.800	13.800	32.900	22.900	22.900	22.900	22.900	22.900	22.900	22.900	22.900
Technik	2.200	2.200	2.200	15.100	15.100	15.100	15.100	15.100	15.100	15.100	15.100	15.100
Vertrieb	0	0	0	14.800	14.800	42.300	18.800	22.933	29.823	34.372	33.339	39.954
Abschreibungen	20.000	20.000	20.000	208.333	8.333	8.333	8.333	8.333	8.333	8.333	8.333	8.333
Rückstellungen	0	0	0	0	0	0	0	0	0	0	0	0
Betriebskosten	**36.000**	**36.000**	**36.000**	**271.133**	**61.133**	**88.633**	**65.133**	**69.266**	**76.157**	**80.705**	**79.673**	**86.288**
Betriebsergebnis	**-14.750**	**-14.750**	**-14.750**	**-271.133**	**-61.133**	**-88.633**	**-65.133**	**-47.006**	**-17.117**	**4.435**	**837**	**31.452**
Zinsaufwand	20.220	20.327	20.265	20.493	0	120.667	0	0	39	482	722	744
Zinsertrag	0	0	0	0	4.050	8.145	339	158	0	0	0	0
Außerord. Aufwand	0	0	0	0	0	0	0	0	0	0	0	0
Außerord. Ertrag	0	0	0	0	0	0	0	0	0	0	0	0
Vorl. Ergeb. v. St.	**-34.970**	**-35.077**	**-35.015**	**-291.626**	**-57.083**	**-201.155**	**-64.795**	**-46.848**	**-17.156**	**3.953**	**116**	**30.709**
Steuern E/E	0	0	0	0	0	0	0	0	0	0	0	0
J.übersch./-fehlbetr.	**-34.970**	**-35.077**	**-35.015**	**-291.626**	**-57.083**	**-201.155**	**-64.795**	**-46.848**	**-17.156**	**3.953**	**116**	**30.709**
Ausschüttungen	0	0	0	0	0	0	0	0	0	0	0	0
Rücklagen	0	0	0	0	0	0	0	0	0	0	0	0
Bilanzergebnis	**-34.970**	**-35.077-**	**-35.015**	**-291.626**	**-57.083**	**-201.155**	**-64.795**	**-46.848**	**-17.156**	**3.953**	**116**	**30.709**

- Nach dem Anlauf der geplanten Fahrradverkäufe im August 2006 kehrt das Unternehmen zum Jahresende 2006 allmählich in die Gewinnzone zurück. Ein viel versprechender Ansatz.

- Der relativ hohe Verlust im April liegt an einer Wertberichtigung im Anlagevermögen. Die zusätzliche AfA wird notwendig, weil die Immobilie zum 01.01.06 mit 10.260.000 Euro bewertet worden ist, der Verkaufspreis aber nur mit 10 Mio. Euro angesetzt wird.
- Der Verlust im Juni beruht auf der Zahlung der Schlusszinsen für das per 30.06.06 getilgte Darlehen.
- Man sieht außerdem das Ende der Mieteinnahmen per 31.03.06 und die umsatzlose Zeit bis zum neuen Geschäftsanlauf mitsamt den in diesem Zeitraum anfallenden Vorlaufkosten.

Eine GuV auf Jahresbasis zeigt die zukünftige Profitabilität des Geschäfts auf Basis der Planzahlen. Nach dem Verlust durch die Geschäftsumstellung in 2006 liegt 2008 der Gewinn vor Steuern bei immerhin 25 Prozent vom Umsatz.

Plan-GuV auf Jahresbasis

GuV, Werte in Euro	2005	2006	2007	2008
Umsatzerlöse	270.000	897.770	4.392.600	13.970.200
sonstige betriebliche Ertr.	0	0	0	0
Direkte Kosten	15.000	469.330	2.457.200	7.805.900
Deckungsbeitrag	**255.000**	**428.440**	**1.935.400**	**6.164.300**
Verwaltung	215.000	257.500	274.800	274.800
Technik	0	142.500	181.200	181.200
Vertrieb	0	251.122	577.008	1.343.216
Abschreibungen	240.000	335.000	150.000	200.000
Rückstellungen	0	0	0	0
Betriebskosten	**455.000**	**986.122**	**1.183.008**	**1.999.216**
Betriebsergebnis	**-200.000**	**-557.682**	**752.392**	**4.165.084**
Zinsaufwand	450.000	203.956	0	0
Zinsertrag	0	12.692	4.877	64.407
Außerord. Aufwand	0	0	0	0
Außerord. Ertrag	400.000	0	0	0
Vorläuf. Ergebnis v. St.	**-250.000**	**-748.946**	**757.269**	**4.229.491**
Steuern E/E	0	0	0	1.555.247
Jahresübersch./-fehlbetr.	**-250.000**	**-748.946**	**757.269**	**2.674.243**
Ausschüttungen	0	0	0	0
Rücklagen	0	0	0	0
Bilanzergebnis	**-250.000**	**-748.946**	**757.269**	**2.674.243**

Die Liquidität ist der kritische Faktor. Nach Rückzahlung des Darlehens und mit Anlauf der Produktion tritt eine Schwächeperiode von einigen Monaten auf.

Monatliche Entwicklung der Liquidität vor Kapitalerhöhung

Liquidität Werte in Euro	Jan.	Feb.	Mär.	Apr.	Mai	Jun.	Jul.	Aug.	Sep.	Okt.	Nov.	Dez.
Anfangsstand Bank	**-3.000.000**	**-3.065.870**	**-3.032.196**	**-3.047.211**	**-3.100.554**	**6.340.697**	**175.375**	**95.414**	**31.138**	**-42.893**	**-101.691**	**-114.968**
Einn. aus Forderungen	26.100	76.100	26.100	0	0	0	0	0	59.926	159.836	225.794	210.818
Einz. Zinseinnahmen	0	0	0	0	4.050	8.145	339	158	0	0	0	0
Einn. a. Desinvestitionen	0	0	0	0	10.300.000	0	0	0	0	0	0	0
Einz. Neuaufnahme Darl.	0	0	0	0	0	0	0	0	0	0	0	0
Einz. Sonst. Forderungen	0	0	0	0	0	4.080	8.480	4.720	5.102	2.565	0	0
Außerordentl. Ertrag	0	0	0	0	0	0	0	0	0	0	0	0
Eigenkapitalveränderung	0	0	0	0	0	0	0	0	0	0	0	0
Summe Cash In	**26.100**	**76.100**	**26.100**	**0**	**10.304.050**	**12.225**	**8.819.**	**4.878**	**66.028**	**162.401**	**225.794**	**210.818**
Ausz. Personalaufw.	11.750	12.900	12.900	24.900	27.300	27.300	27.300	34.934	42.103	42.286	36.849	46.883
Ausz. Mat- u. sonst. Aufw.	60.000	6.496	5.046	5.046	41.180	29.580	61.480	34.220	96.916	178.432	197.613	147.830
Ausz. Zinsaufwand	20.220	20.327	20.265	20.493	0	120.667	0	0	39	482	722	744
Ausz. Investitionen	0	0	0	0	0	0	0	0	0	0	0	0
Ausz. Tilgung	0	0	0	0	0	6.000.000	0	0	0	0	0	0
Ausz. Steuern	0	0	0	0	0	0	0	0	0	0	0	0
Ausz. Umsatzsteuersaldo	0	2.704	2.904	2.904	794.320	0	0	0	0	0	3.887	8.688
Sonstige Auszahlungen	0	0	0	0	0	0	0	0	0	0	0	0
Ausschüttungen	0	0	0	0	0	0	0	0	0	0	0	0
Summe Cash Out	**91.970**	**42.427**	**41.115**	**63.343**	**862.800**	**6.177.547**	**88.780**	**99.154**	**139.058**	**221.200**	**239.071**	**204.145**
Endbestand Bank	**-3.065.870**	**-3.032.196**	**-3.047.211**	**-3.100.554**	**6.340.697**	**175.375**	**95.414**	**31.138**	**-42.893**	**-101.691**	**-114.968**	**-108.295**

Für einen komplikationsfreien Geschäftsablauf wird spätestens im Juli/August 2006 zusätzlicher Mittelzufluss in Höhe von ca. 500.000 Euro benötigt. Da eine Bank vermutlich nicht mitgeht, wird eine Kapitalerhöhung durch einen privaten Investor eingeplant.

... und nach Kapitalerhöhung

Liquidität Werte in Euro	Jan.	Feb.	Mär.	Apr.	Mai	Jun.	Jul.	Aug.	Sep.	okt.	Nov.	Dez.
Anfangsstand Bank	**-3.000.000**	**-3.065.870**	**-3.032.196**	**-3.047.211**	**-3.100.554**	**6.340.697**	**175.375**	**596.039**	**502.979**	**430.154**	**372.841**	**361.204**
Einn. aus Forderungen	26.100	76.100	26.100	0	0	0	0	0	59.926	159.836	225.794	210.818
Einz. Zinseinnahmen	0	0	0	0	4.050	8.145	964	1.374	1.166	1.004	918	914
Einn. aus Desinvestitionen	0	0	0	0	10.300.000	0	0	0	0	0	0	0
Einz. Neuaufnahme Darl.	0	0	0	0	0	0	0	0	0	0	0	0
Einz. Sonst. Forderungen	0	0	0	0	0	4.080	8.480	4.720	5.102	2.565	0	0
Außerordentl. Ertrag	0	0	0	0	0	0	0	0	0	0	0	0
Eigenkapitalveränderung	0	0	0	0	0	0	500.000	0	0	0	0	0
Summe Cash In	**26.100**	**76.100**	**26.100**	**0**	**10.304.050**	**12.225**	**509.444**	**6.094**	**66.194**	**163.405**	**226.712**	**211.732**
Ausz. Personalaufwand	11.750	12.900	12.900	24.900	27.300	27.300	27.300	34.934	42.103	42.286	36.849	46.883
Ausz. Mat- u. sonst. Aufw.	60.000	6.496	5.046	5.046	41.180	29.580	61.480	34.220	96.916	178.432	197.613	147.830
Ausz. Zinsaufwand	20.220	20.327	20.265	20.493	0	120.667	0	30.000	0	0	0	0
Ausz. Investitionen	0	0	0	0	0	0	0	0	0	0	0	0
Ausz. Tilgung	0	0	0	0	0	6.000.000	0	0	0	0	0	0
Ausz. Steuern	0	0	0	0	0	0	0	0	0	0	0	0
Ausz. Umsatzsteuersaldo	0	2.704	2.904	2.904	794.320	0	0	0	0	0	3.887	8.688
Sonstige Auszahlungen	0	0	0	0	0	0	0	0	0	0	0	0
Ausschüttungen	0	0	0	0	0	0	0	0	0	0	0	0
Summe Cash Out	**91.970**	**42.427**	**41.115**	**63.343**	**862.800**	**6.177.547**	**88.780**	**99.154**	**139.058**	**220.718**	**238.349**	**203.401**
Endbestand Bank	**-3.065.870**	**-3.032.196**	**-3.047.211**	**-3.100.554**	**6.340.697**	**175.375**	**596.039**	**502.979**	**430.154**	**372.841**	**361.204**	**369.534**

Für die Planung wird davon ausgegangen, dass ein Investor die Kapitalerhöhung um 500.000 Euro von 1,5 Mio. Euro auf 2 Mio. Euro zeichnet. Sie soll zu nominal im Juli 2006 durchgeführt werden, das heißt es würden dann 500.000 Euro frisches Geld zufließen. Dafür wird eine im August 2006 fällige Provision von sechs Prozent (gleich 30.000 Euro) für die Kapitalbeschaffung eingeplant. Die Liquidität entwickelt sich nun zufrieden stellend. In der Liquiditätsplanung werden auch die besonderen Zu- und Abflüsse noch einmal deutlich gezeigt:

- Verkauf der Immobilie, Geldzufluss 10 Mio. Euro im April,
- gleichzeitige Ablösung des Kontokorrentkredits,
- Tilgung des Darlehens von 6 Mio. Euro und Zahlung der Schlusszinsen im Juni,
- die Eigenkapitalveränderung von 500.000 Euro im Juli und die Provision von 30.000 Euro im August (gebucht unter Auszahlung Zinsaufwand).

drahtesel.de: Finanzplan

Für seinen Finanzplan hat unser Vorstand nun geordnete Zahlen zur Verfügung, die für sein Unternehmen und die Idee gute Perspektiven aufweisen. Projektive GuV, Bilanz und Liquiditätsplanung für den Zeitraum bis 2008 machen dies deutlich. Sie werden hier auf Jahresbasis dargestellt.

GuV-Planung bis 2008

GuV, Werte in Euro	2006	2007	2008
Umsatzerlöse	897.770	4.392.600	13.970.200
Sonstige betriebliche Erträge	0	0	0
Direkte Kosten	469.330	2.457.200	7.805.900
Deckungsbeitrag	**428.440**	**1.935.400**	**6.164.300**
Verwaltung	257.500	274.800	274.800
Technik	142.500	181.200	181.200
Vertrieb	251.122	577.008	1.343.216
Abschreibungen	335.000	150.000	200.000
Rückstellungen	0	0	0
Betriebskosten	**986.122**	**1.183.008**	**1.999.216**
Betriebsergebnis	**-557.682**	**752.392**	**4.165.084**
Zinsaufwand	231.970	0	0
Zinsertrag	18.535	19.428	79.400
Außerord. Aufwand	0	0	0
Außerord. Ertrag	0	0	0
Vorläuf. Ergebnis v. Steuern	**-771.117**	**771.820**	**4.244.484**
Steuern E/E	0	0	1.558.123
Jahresüberschuss/-fehlbetrag	**-771.117**	**771.820**	**2.686.361**
Ausschüttungen	0	0	0
Rücklagen	0	0	0
Bilanzergebnis	**-771.117**	**771.820**	**2.686.361**

Gegenüber der ersten Rechnung ist die GuV durch die Kapitalerhöhung leicht verändert. Liquidität und Bilanz entwickeln sich hervorragend.

Eigenkapital und Anlagevermögen nehmen zu, Bankverbindlichkeiten müssen nicht eingegangen werden.

Liquiditätsplanung bis 2008

Liquidität, Werte in Euro	2006	2007	2008
Anfangsstand Bank	**-3.000.000**	**369.534**	**925.481**
Einnahmen aus Forderungen	784.674	4.977.537	15.279.597
Einzahlung Zinseinnahmen	18.535	19.428	79.400
Einnahmen aus Desinvestitionen	10.300.000	0	0
Einzahlung Neuaufnahme v. Darlehen	0	0	0
Einzahlungen sonst. Forderungen	24.947	0	0
Außerord. Ertrag	0	0	0
Eigenkapitalveränderung	500.000	0	0
Summe Cash In	**11.628.156**	**4.996.965**	**15.358.997**
Auszahlung Personalaufwand	347.406	593.745	1.200.237
Auszahlg. Material- und sonst. Aufwand	863.839	3.400.597	9.696.748
Auszahlung Zinsaufwand	231.970	0	0
Auszahlung Investitionen	0	265.833	290.000
Auszahlung Tilgung	6.000.000	0	0
Auszahlung Steuern	0	0	0
Auszahlung Umsatzsteuersaldo	815.407	180.842	730.048
Sonstige Auszahlungen	0	0	0
Ausschüttungen	0	0	0
Summe Cash Out	**8.258.622**	**4.441.018**	**11.917.033**
Endstand Bank	**369.534**	**925.481**	**4.367.446**

Planbilanz bis 2008

Bilanz, Werte in Euro	2006	2007	2008
Anlagevermögen	10.260.000	425.000	525.000
Investitionen	-9.500.000	250.000	250.000
Abschreibungen	335.000	150.000	200.000
Summe Anlagevermögen	**425.000**	**525.000**	**575.000**
Vorräte	146.690	204.767	650.492
Forderungen	306.739	424.618	1.350.453
Sonst. Forderungen	0	0	0
Flüssige Mittel	369.534	925.481	4.367.446
Summe Umlaufvermögen	**822.963**	**1.554.866**	**6.368.390.**
Summe Aktiva	**1.247.963**	**2.079.866**	**6.943.390**
Eigenkapital	2.000.000	2.000.000	2.000.000
Rücklagen	0	0	0
Gewinn-/Verlustvortrag	-250.000	-1.021.117	-249.297
Bilanzergebnisse lfd. Periode	-771.117	771.820	2.686.361
Summe Eigenkapital	**978.883**	**1.750.703**	**4.437.064**
Pensionsrückstellungen	0	0	0
Sonstige Rückstellungen	0	0	0
Langfr. Verbindlichkeiten	0	0	0
Summe langfr. Verbindl. keiten	**0**	**0**	**0**
Kontokorrent	0	0	0
Verbindlichkeiten Lieferanten	258.937	309.772	879.725
Sonst. Verbindlichkeiten	0	0	0
Umsatzsteuerverbindlichkeiten	6.593	15.841	64.928
Steuerverbindlichkeiten E/E	0	0	1.558.123
Verbindlichkeiten Personal	3.550	3.550	3.550
Summe kurzfr. Verbindl. keiten	**269.080**	**329.163**	**2.506.326**
Summe Passiva	**1.247.963**	**2.079.866**	**6.943.390**

drahtesel.de: Der Finanzplan im Business Plan

Endergebnisse genügen

Für die Darstellung der finanziellen Entwicklung im Business Plan genügen die Endergebnisse, unter Angabe der Ausgangsparameter sowie von speziellen Einflüssen wie zum Beispiel der Kapitalerhöhung oder der vorgenommenen Wertberichtigung im Anlagevermögen durch den Verkauf der Immobilie unterhalb des bilanzierten Werts.
Die zur Erarbeitung des Finanzplans benötigten diversen Hochrechnungen und Überlegungen gehören im Allgemeinen nicht in einen Business Plan.

drahtesel.de: Risiko- und Sensitivitätsanalyse

Die Risiken für drahtesel.de liegen zunächst wesentlich auf der Seite von Cash Flow und Kapital:

- Klappt der Verkauf der Immobilie nicht oder nur zu einem deutlich geringeren Preis als den eingeplanten 10 Mio. Euro, wird es schwer, die Idee zu realisieren.
- Findet sich kein Investor für die Kapitalerhöhung, gerät drahtesel.de schnell in Liquiditätsprobleme.

Kritische Punkte

Der Umsetzungsfahrplan weist eine Reihe weiterer kritischer Punkte auf, deren termingerechte Erledigung wesentlich für das Gelingen des Plans ist, zum Beispiel die Einstellung wichtiger Mitarbeiter, rechtzeitige Bestellung der Investitionen etc. Allerdings ist keiner dieser Punkte so kritisch wie die beiden oben genannten.

Sind diese Hürden genommen, kommt die Frage nach dem Verhalten bei Absatzproblemen: Gibt man mit dem Preis nach, um das Volumen zu erhöhen? Die meisten Unternehmen sind entweder volumen- oder preissensitiv. Hierfür gibt es eine Faustregel:

- Hohe Margen sind volumensensitiv
- Niedrige Margen sind preissensitiv

Dazu werden für drahtesel.de jeweils 20-prozentige Senkungen von Verkaufspreis und Absatzvolumen über alle Planperioden simuliert.
Einfluss auf das Betriebsergebnis:

- Preis . /. 20 % => Das Betriebsergebnis fällt von 23 % auf 5 % –vom Umsatz.
- Volumen . /. 20 % => Das Betriebsergebnis fällt von 23 % auf 19 % vom Umsatz.

Das bedeutet, drahtesel.de ist preissensitiv:
Das Verfehlen des Preisziels ist ein größeres Risiko für die Erfolgsrechnung als ein Verfehlen des Mengenziels.

Preisdisziplin

Das heißt für das Management, sehr auf Preisdisziplin zu achten.

drahtesel.de: Risiko und Sensitivität im Business Plan

Die hier erarbeiteten Ergebnisse sollten knapp, aber offen und freimütig im Business Plan dargestellt werden.

drahtesel.de: Unternehmensbewertung

Im Fallbeispiel sind sowohl Vorstand als auch Investor daran interessiert zu wissen, wie sich ihr eingesetztes Kapital bis 2008 entwickelt.
Dazu müssen Annahmen über den Abzinsungsfaktor und das KGV getroffen werden.
Der Abzinsungsfaktor setzt sich aus einem risikolosen und einem Risikozinssatz zusammen. Der risikolose Zinssatz wird mit fünf Prozent angenommen. Faustregel für den Risikozinssatz sind zehn Prozent für eingesessene Unternehmen in reifen Märkten, und 30 Prozent für junge Unternehmen in neuen Märkten.
Beim KGV sollte man nach ähnlichen Kriterien von Werten zwischen Zehn und 30 ausgehen.

Abzinsungsfaktor

Für drahtesel.de wird ausgegangen von einem Abzinsungsfaktor von 35 Prozent und KGV 15: ein konservativer Ansatz. Der Korrekturwert wird mit Null angesetzt, Verbindlichkeiten sind 2008 nicht mehr vorhanden.
Für den Unternehmenswert ergibt sich nach der

- Free Cash Flow-Methode mit Liquidation Ende 2008: 10,2 Mio. Euro
- Free Cash Flow-Methode und Weiterführung: 12,3 Mio. Euro
- Marktwert-Methode: 16,4 Mio. Euro

Das Grundkapital von 2 Mio. Euro ist eingeteilt in 400.000 Aktien zu nominal fünf Euro.
Das Kursziel der Aktie drahtesel.de liegt demnach zwischen 25 und 40 Euro, bei konservativem Ansatz.

Der zukünftige Aktienkurs berechnet sich so:

Der Unternehmenswert beträgt 10,2 Mio. Euro nach der niedrigsten Bewertung (Free Cash Flow und Liquidation).

Er verteilt sich auf 400.000 Aktien. Jede Aktie hat damit einen Wert von 10.200.000 Euro/400.000 Aktien = 25,50 Euro/Aktie.

Nach der höchsten Bewertung (Marktwert-Methode) beträgt der Unternehmenswert 16,4 Mio. Euro.

Nach dieser Bewertung wäre der Aktienkurs bei 16.400.000 Euro/400.000 Aktien = 41,00 Euro.

Für den Investor heißt das: Aus der Investition von 500.000 Euro könnte ein Betrag zwischen 2,5 und 4 Mio. Euro werden.
Berechnung: Er hat 500.000 Euro Aktienkapital zu nominal gekauft, das sind 25 Prozent des Stammkapitals. Wenn die Bewertung des gesamten Stammkapitals zwischen 10 Mio. Euro und 16 Mio. Euro liegt, beträgt der Wert seines Pakets von 25 Prozent zwischen 2,5 und 4 Mio. Euro.
Auch der Vorstand und Hauptaktionär des Unternehmens hätte sein Ziel erreicht, seine Kursverluste aus der Spinnerei Falkenwald mindestens zu verringern.

Die Bewertung der drahtesel.de AG in Einzelschritten

Zum Nachvollziehen der Rechnungen zur Unternehmensbewertung sind die einzelnen Rechenschritte in einer Tabelle zusammengefasst. Wir gehen sie Schritt für Schritt durch.
Wir beginnen mit dem Cash Flow, den wir unserem Finanzplan als Differenz von Cash In und Cash Out entnehmen können (Zeile drei).
Der Cash Flow wird nun um die Geldströme bereinigt, die mit dem operativen Geschäft nichts zu tun haben: in unserem Fall Tilgungen, Zinszahlungen, Zinseinnahmen, Kapitalerhöhung. Daraus ergibt sich der Free Cash Flow (Zeile zehn).
Dieser wird auf die Gegenwart abgezinst, das ist hier der Januar 2006. Als Diskontierungszinssatz hatten wir 35 Prozent gewählt. Das heißt, den Cash Flow aus 2006 müssen wir einmal, den aus 2007 zweimal und den aus 2008

dreimal abzinsen. Damit erhalten wir den Barwert der Cash Flows (auch Gegenwartswert genannt), in Zeile zwölf.

Berechnung des Unternehmenswerts

	Berechnung der DFCF	**2006**	**2007**	**2008**
1	Cash In	11.628.156	4.996.965	15.358.997
2	Cash Out	8.258.622	4.441.018	11.917.033
3	= Cash Flow	3.369.534	555.947	3.441.964
4	+ Tilgungen	6.000.000	0	0
5	=	9.369.534	555.947	4.441.964
6	+ Zinszahlungen	231.970	0	0
7	- Zinseinnahmen	18.535	19.428	79.400
8	=	9.582.969	536.519	3.362.564
9	- Kapitalerhöhung	500.000	0	0
10	= Free Cash Flow	9.082.969	536.519	3.362.564
11	- Abzinsung auf 01.01.02	/ 1.35	/ 1.35^2	/ 1.35^3
12	= Barwert FCF	6.728.125	294.386	1.366.688
13	**Summe Barwerte FCF**	**8.389.199**		
14				
15	**Diskontierter Residualwert**		**Unternehmenswert**	
16	Unternehmensfortführung	3.904.822		**12.294.021**
17	Liquidation	1.803.410		**10.192.609**
18	Kurs/Gewinn	16.377.753		**24.766.952**
19				
20	**KGV-Methode**		**Unternehmenswert**	
21	Jahresüberschuss 2008	2.686.361		**16.377.753**
22	KGV	15		
23	Zinssatz	35		

In Zeile 13 sind die Barwerte aufsummiert.
Darunter befinden sich die Unternehmensbewertungen nach den einzelnen Berechnungsmodellen für den Restwert nach Ende des Planungshorizonts.

drahtesel.de: Die Bewertung des Unternehmens im Business Plan

Im Plan sollten die Ergebnisse zusammen mit den Annahmen über KGV und Diskontierungsfaktor genannt werden, auch die mögliche Wertsteigerung einer Beteiligung am Unternehmen sollte nicht verschwiegen werden – man sucht ja schließlich einen Investor.

drahtesel.de: Die Executive Summary im Business Plan

Wesentlich für die Darstellung des Unternehmens drahtesel.de ist die Beschreibung folgender Punkte:

- Ziel: Unternehmerischer Neuanfang
- Die Idee: Verkauf hochwertiger Fahrräder im Internet
- Hintergrund: Dauerhaftes Marktwachstum im oberen Segment
- Aktuelles Problem: Individuelle Konfiguration der Fahrräder bedeutet langes Warten
- Die Lösung: Schnelle Lieferung bei Bestellung über das Internet
- Wettbewerbsvorteil: Entfallen einer Handelsstufe
- Das Geschäftssystem: Sofortige Montage auf Bestellung
- Finanzplan: Rasches Wachstum von Umsatz und Gewinn
- Finanzierung: Verkauf der Immobilie und Kapitalerhöhung
- Rentabilität: Verfünffachung einer Investition in zwei bis drei Jahren möglich

Diese schlagwortartige „Kurzfassung“ könnte die Überschriften zu den entsprechenden Absätzen der Executive Summary liefern, die weitere Informationen enthalten.

Business Plan „drahtesel.de AG"

Im folgenden Musterplan sind die erarbeiteten Inhalte für den Business Plan zusammengefasst und durchgehend ausformuliert.
Die im Kapitel „Was ist ein Business Plan" vorgeschlagenen Formatierungen galten für das Format DIN-A4. Da dieses Buch auf einem anderen Papierformat gedruckt ist, kommt es zu Abweichungen.
Prinzip bei den Änderungen war, eine gute Lesbarkeit und Übersichtlichkeit zu sichern.
Abweichend sind Seitenränder, Punktgröße der Schrift und die maximal geforderten Seitenzahlen.
Außerdem erhält der Musterplan eine eigene Seitennummerierung.

Anmerkung des Autors

Dieser Plan ist frei erfunden, einschließlich aller Namen, Daten, Zahlen und anderen Fakten. Eventuelle Ähnlichkeiten mit der Wirklichkeit sind rein zufällig und nicht beabsichtigt.

Kopie Nr. ___ von 12

drahtesel.de AG

Business Plan

20. Januar 2006

Streng vertraulich

Ohne vorherige schriftliche Genehmigung des Verfassers dieses Business Plans dürfen weder der gesamte Plan noch Einzelheiten daraus vervielfältigt oder schriftlich oder mündlich an Dritte weitergegeben werden.

Inhalt

1. Executive Summary

Ziel: Unternehmerischer Neuanfang

Die Neuausrichtung der nur noch im Immobilienbereich tätigen Spinnerei Falkenwald AG ist notwendig, da eine Fortführung des aktuellen Geschäfts spätestens 2008 im Konkurs enden würde. Wesentliche Assets sind Immobilien mit hohem Verkehrswert. Deren Verkauf soll den Neuanfang ermöglichen.

Die Idee: Verkauf hochwertiger Fahrräder im Internet

Hochwertige Trekking-, Mountain- und Racingbikes über 750 Euro Endpreis werden ohne Fachhandel über das Internet verkauft. Umfirmierung in drahtesel.de.

Hintergrund: Dauerhaftes Marktwachstum im oberen Segment

Das Marktsegment der hochwertigen Fahrräder wächst seit Jahren mit Raten von sechs bis acht Prozent p. a., ein Ende des Wachstums ist nicht in Sicht. Alle Anbieter in diesem Segment distribuieren zu 100 Prozent über den Fachhandel.

Problem: Individuelle Fahrradkonfiguration bedeutet langes Warten

Die Käufer solcher Fahrräder wollen a) individuelle Konfiguration, b) schnelle Lieferung. Die Distribution über den Fachhandel befriedigt dieses Bedürfnis nicht: entweder Kauf eines vorrätigen Fahrrads – oder Wartezeit vier bis sechs Wochen.
drahtesel.de bietet eine Lösung für dieses Problem.

Die Lösung: Schnelle Lieferung bei Bestellung über das Internet

Auf der interaktiven Homepage von drahtesel.de kann der Käufer sein Wunschfahrrad zu Hause aussuchen und bestellen. Er erfährt sofort Preis und Liefertermin. Dies ist <u>die</u> Lösung für individuelle Konfiguration <u>und</u> schnelle Lieferung.

Wettbewerbsvorteil: Entfallen einer Handelsstufe

Gegen den Wettbewerb hat drahtesel.de neben der höheren Kundenakzeptanz den Vorteil des Entfallens einer Handelsstufe und damit höheren Marge. Wegen ihrer Handelsbindungen können traditionelle Anbieter diesen Wettbewerbsvorteil nur schwer kopieren, gegenüber Newcomern beträgt der Vorlauf sechs bis zwölf Monate.

Das Geschäftssystem: Sofortige Montage auf Bestellung

Die Organisation ist schlank, der Kunde steht im Mittelpunkt. Produziert wird ausschließlich auf Bestellung. In der Produktion werden nur fertig eingekaufte Teile montiert, es wird nichts bearbeitet. Alles, was nicht dem Kerngeschäft dient, wird ausgelagert: Buchhaltung, physischer Versand, After-Sales-Service.

Finanzplan: Rasches Wachstum von Umsatz und Gewinn

Der Finanzplan basiert auf den folgenden Annahmen:
Verkäufe: Jahr 1: 2.000 Stück, Jahr 3: 20.000 Stück
Umsatz: 2006/2007/2008: 0,9 Mio. Euro/4,4 MioEuro/14 Mio. Euro
Gew. v. St.: 2006/2007/2008: -0,8 Mio. Euro/0,8 Mio. Euro/4,2 Mio. Euro
Investitionen: Jahr 1: 500.000 Euro, Jahr 2 und 3: je 250 .000 Euro

Finanzierung: Verkauf der Immobilien und Kapitalerhöhung

Für Geschäftsanlauf und Rückführung der Kredite von 9,25 Mio. Euro ist der Verkauf der Immobilien geplant, Zielpreis: 10 Mio. Euro. Zur Absicherung der Liquidität in der Anlaufphase sind zusätzlich ca. 500.000 Euro erforderlich.

Rentabilität: Verfünffachung einer Investition in zwei bis drei Jahren möglich

Der Unternehmenswert erhöht sich bis Ende 2008 auf 10-16 Mio. Euro. Bei 400.000 ausstehenden Aktien entspricht das mindestens 25 Euro pro Aktie zu nominal fünf Euro. Der Wert einer Kapitalbeteiligung zu nominal könnte sich damit verfünffachen.

2 Ausgangssituation

Das 1828 gegründete Textilunternehmen Spinnerei Falkenwald AG hat 2001 nach ständigen Verlusten seine operative Tätigkeit aufgegeben. Die Maschinen wurden zwischen 2002 und 2005 an ehemalige Wettbewerber verkauft. Geblieben sind drei Mitarbeiter, Immobilien und Verbindlichkeiten von 9,25 Mio. Euro gegenüber Banken. Der Immobilienbesitz mit einem Verkehrswert von über 10 Mio. Euro besteht aus drei Grundstücken mit Gebäuden in Falkenwald und den Nachbargemeinden. Sie sind vermietet, die Mieter am Kauf interessiert. Die Chancenlosigkeit der Fortführung des aus der Not geborenen Vermietungsgeschäfts selbst bei äußerstem Sparkurs wird durch folgende Zahlen deutlich:

GuV, Werte in Euro	2005	2006	2007	2008
Umsatzerlöse	270.000	270.000	270.000	270.000
Sonstige betriebliche Erträge	0	0	0	0
Direkte Kosten	15.000	15.000	15.000	15.000
Deckungsbeitrag	**255.000**	**255.000**	**255.000**	**255.000**
Verwaltung	215.000	65.000	65.000	65.000
Technik	0	0	0	0
Marketing & Vertrieb	0	0	0	0
Abschreibungen	240.000	240.000	240.000	240.000
Rückstellungen	0	0	0	0
Betriebskosten	**455.000**	**305.000**	**305.000**	**305.000**
Betriebsergebnis	**-200.000**	**-50.000**	**-50.000**	**-50.000**
Zinsaufwand	450.000	500.000	521.529	800.233
Zinsertrag	0	0	0	0
Außerord. Aufwand	0	0	0	0
Außerord. Ertrag	400.000	0	0	0
Vorläufig. Ergebnis v. Steuern	**-250.000**	**-550.000**	**-571.529**	**-850.233**
Steuern E/E	0	0	0	0
Jahresüberschuss/-fehlbetrag	**-250.000**	**-550.000**	**-571.529**	**-850.233**
Ausschüttungen	0	0	0	0
Rücklagen	0	0	0	0
Bilanzergebnis	**-250.000**	**-550.000**	**-571.529**	**-850.233**

In 2008 übersteigen zudem die Verbindlichkeiten das Anlagevermögen, sodass der Gang zum Konkursrichter unvermeidlich würde.

Ein Neuanfang sollte durch Verkauf der Immobilien zu einem Preis nahe dem Verkehrswert und Ablösung der Kredite mindestens teilweise finanzierbar sein.

3 Die Geschäftsidee: drahtesel.de – das Fahrrad aus dem Internet

Aktuelle Situation

Der deutsche Markt für hochwertige Fahrräder (ab 750 Euro Endpreis; Trekking-, Mountain- und Racingbikes) ist in den letzten Jahren ständig gewachsen. Die Käufer solcher Räder wünschen eine individuelle Fahrradkonfiguration. Dies ist bei der üblichen Bestellung über den Fachhandel mit einer langen Wartezeit verbunden. Alternativ muss der Kunde nehmen, was beim Händler vorrätig ist.

Die Idee

- Angebot hochwertiger Fahrräder ausschließlich über das Internet, unter Umgehung aller Zwischenhändler. Im Gegensatz zu allen Wettbewerbern entfällt damit eine Handelsstufe: Wettbewerbsvorteil Nr. 1.
- Auf einer einzurichtenden interaktiven Homepage kann sich der Käufer das gewünschte Fahrrad individuell zusammenstellen. Am Bildschirm sieht er detailgenaue Konfiguration, Farbe und zugehörigen Preis.
- Die Bestellung erfolgt per Mausklick auf der Homepage, die umgehende Auftragsbestätigung kommt per E-Mail in die Mailbox des Käufers, die Auslieferung erfolgt durch einen Paketdienst. Der Kunde erhält sein Wunschfahrrad nach 48 Stunden statt vier bis sechs Wochen: Wettbewerbsvorteil Nr. 2.
- Keine Eigenfertigung (zum Beispiel Schweißen des Rahmens), nur Montage; Zukauf aller Teile. Dies senkt die Investitionen und verbessert die Kostenkontrolle.
- Eigene Produktentwicklung für ein stets aktuelles Sortiment.
- Umfirmierung von „Spinnerei Falkenwald AG“ in „drahtesel.de AG“.

Der deutsche Markt für Fahrräder

Gesamtgröße 2005: 6 Mio. Stück p. a.
Zielsegment: Fahrräder über 750 Euro, Segmentgröße: 1 Mio. Stück p. a.
Teilsegmente: Mountainbikes 40 %, Trekkingbikes 35 %, Racingbikes 25 %.
Wachstum: 6-8 % p. a. in den letzten Jahren, Rückgang wird nicht erwartet.
Wettbewerb: 100-prozentige Distribution über Fachhandel.
Kundenwunsch: Individuelle Fahrradkonfiguration, schnelle Verfügbar-keit.

Kann dort mit der Idee Geld verdient werden?

- Im ersten Marketingjahr wird ein Absatz von 2.000 Stück angestrebt, im dritten Jahr wird ein Marktanteil von zwei Prozent oder mindestens 20.000 Stück erwartet.
- Durch die Einsparung der Handelsmarge können Mehrpreise für anfängliche Mindermengen im Einkauf getragen werden, mittel- bis langfristig entsteht gegenüber der Branche ein Kostenvorteil.
- Die Wettbewerbsvorteile haben einen Vorlauf von mindestens sechs Monaten. Auch dann wird es für die etablierte Konkurrenz schwierig, die Distribution auf Internet umzustellen: Widerstand des Fachhandels und finanzielle Zugeständnisse sind zu erwarten. Newcomer brauchen sechs bis zwölf Monate zur Kopie der Idee.

Grobkalkulation (Durchschnitt):

Material	400 Euro
Montage	65 Euro
Versand	20 Euro
Direkte Kosten	485 Euro

Endpreis o. MwSt.	1.000 Euro	
./. Direkte Kosten total	485 Euro	
Deckungsbeitrag pro Stück	515 Euro	/ > 50 %

Im ersten Marketingjahr würde bei einem Umsatz von 2 Mio. Euro (2.000 Fahrräder × 1.000 Euro) ein Deckungsbeitrag von 1 Mio. Euro erwirtschaftet.

4. Marketingkonzept

Der deutsche Markt für Fahrräder

Wurde bereits in Kapitel 3 beschrieben.

Sortiment

Präsenz in jedem Segment des Hochpreismarkts mit je einem Grundmodell und umfangreichen individuellen Ausstattungsmöglichkeiten.

Positionierung

- Endverbraucher: Preislich und qualitativ liegt drahtesel.de auf dem Niveau des Wettbewerbs. USP: Schnellste Lieferung individueller Konfigurationen auf dem Markt.
- Handel: entfällt.
- Wettbewerb: Schnellere Auslieferung individueller Konfigurationen.
- Strategische Preispositionierung: Endverbraucherpreis im unteren Drittel des Hochpreismarkts. (Abschöpfungsstrategie mit hohem Deckungsbeitrag, da eine Handelsstufe entfällt.)

Preisstellung und Produkt-Kalkulation Standardmodelle

Werte in Euro	Trekkingbike	Mountainbike	Racingbike
Endpreis Euro inkl. MwSt.	999,00	1.399,00	1.890,00
Endpreis Euro ohne MwSt.	**861,21**	**1.206,03**	**1.637,07**
Material	400,00	600,00	750,00
Montage	65,00	65,00	65,00
Versand	20,00	20,00	20,00
Garantie	5,00	8,00	10,00
Direkte Kosten	**490,00**	**693,00**	**845,00**
Deckungsbeitrag Euro	**371,21**	**513,03**	**792,07**
Deckungsbeitrag %	43 %	43 %	48 %

Vertrieb

Angebot und Bestellung werden zu 100 Prozent über das Internet abgewickelt. Die physische Auslieferung erfolgt über einen Paketdienst. Garantie- und Servicearbeiten werden von einem Netz von Vertragstankstellen mit eigener Werkstatt durchgeführt.

Werbung

- Es wird ein für Markenartikler üblicher Satz von acht Prozent vom Umsatz eingeplant, der bei Erstellung des detaillierten Marketingplans in feste, projektbezogene Beträge pro Monat umgesetzt wird.
- Kommunikation über Internet, Bannerwerbung, später monatliche Auktionen; zur Markteinführung Werbung in Fachzeitschriften.

Absatzplanung

Platzierung des Angebots im Internet ist für Mitte Juli 2006 geplant, Auslieferungsstart für August 2006. Die Einführung der Produkte erfolgt schrittweise, um die Anlaufphase zu erleichtern.

Absatz in Stück	Aug 06	Sep 06	Okt 06	Nov 06	Dez 06	2006	2007	2008
TB	60	90	90	70	100	410	2.000	6.400
MB	0	50	70	60	80	260	1.400	4.300
RB	0	0	20	30	50	100	600	2.000
Summe	**60**	**140**	**180**	**160**	**230**	**770**	**4.000**	**12.700**

5 Geschäftsablauf, Organisation und Budgets

Der Fokus ist auf den Kunden und die Befriedigung seiner Wünsche gerichtet. Um dies sicherzustellen, müssen die Kernfunktionen im Unternehmen gehalten werden, der Rest wird ausgelagert.

- Ständige Marktbeobachtung sichert frühes Erkennen von Käufertrends und Wettbewerbsaktivitäten.

- Die Trends werden umgesetzt in Pflege und Weiterentwicklung des Sortiments. Dabei werden die Produkte wie ein Portfolio geführt.
- Das daraus resultierende, stets aktuelle Sortiment wird auf einer interaktiven Homepage vorgestellt.
- Auf dieser kann der Käufer sein Wunschfahrrad aus den vorgegebenen Kombinationsmöglichkeiten zusammenstellen. Für jede Variation erfährt er sofort den resultierenden Endpreis. Ist er zufrieden, kann er per Mausklick die Bestellung aufgeben. Die Auftragsbestätigung mit Liefertermin wird umgehend in seine Mailbox geschickt.
- Im Unternehmen wird nach Erhalt der Bestellung ein entsprechender Auftrag an die Montage gegeben. Nach Prüfung des Lagerbestands erhält der Käufer seine Auftragsbestätigung. Das bestellte Fahrrad verlässt das Werk, je nach Uhrzeit der Bestellung, am gleichen oder am nächsten Werktag. Die für die Ausführung der Bestellung verbauten Teile werden nachbestellt.
- Die Auslieferung an den Kunden erfolgt durch einen Paketdienst innerhalb der folgenden 24 Stunden.
- Für den gegebenenfalls notwendigen Reparatur- und Garantieservice wird ein Tankstellennetz mit eigenen Werkstätten unter Vertrag genommen. Ebenfalls ausgelagert werden Buchhaltung und Bilanzierung an einen Wirtschaftsprüfer.

Für die Realisation dieses Geschäftsablaufs werden die unten aufgelisteten Funktionen benötigt. Sie werden mit den geplanten Jahresgehältern angegeben. Die Nominalgehälter werden aufgrund der Turn Around-Situation niedrig gehalten und mit attraktiven Stock Options für den Erfolgsfall ergänzt.

Marketing/Vertrieb

- Ein Product Manager (PM), 50.000 Euro p. a.
  Die Aufgaben sind Marktbeobachtung, Input in die Produktentwicklung, Lebenszyklus und Portfolio Management des Sortiments, Aufrechterhaltung eines Business Plans, Werbung und besondere Verkaufsaktivitäten.
- Zwei Sachbearbeiter Auftragsdurchlauf, je 24.000 Euro p. a.
  Sie leiten die Bestellungen aus dem Internet an die Montage weiter und

erteilen dem Käufer die Auftragsbestätigung. Mindestens in der Anfangsphase berichten sie dem PM.

Technik

- Ein Technical Manager, 40.000 Euro p. a.
  Sein Hauptgebiet ist die Produktentwicklung, er erstellt die technischen Spezifikationen für Produktpflege und Neuentwicklungen. Er ist verantwortlich für die Qualitätssicherung und leitet den Bereich Technik.
- Montage mit zunächst drei Mitarbeitern, durchschnittl. 21.000 Euro p. a.
  Die Anzahl wird mit dem Verkaufsvolumen ansteigen. Einer von ihnen ist als Vorarbeiter verantwortlich für pünktliche Montage.
- Ein Mitarbeiter Einkauf/Logistik, 30.000 Euro p. a.
- Ein Mitarbeiter Lager/Auslieferung, 21.000 Euro p. a.

Verwaltung

- Ein Vorstand, ressortlos, 72.000 Euro p. a.
  Strategische Führung und Vertretung des Unternehmens nach außen, zum Beispiel Banken, Investoren, Analysten etc.
- Ein Assistent, 24.000 Euro p. a.
  Neben allgemeinen Assistenzaufgaben ist er Ansprechpartner für die ausgelagerten Funktionen Buchhaltung, Bilanzierung, Auslieferung sowie Service- und Garantiearbeiten.

Die Organisation hat dann folgendes Bild:

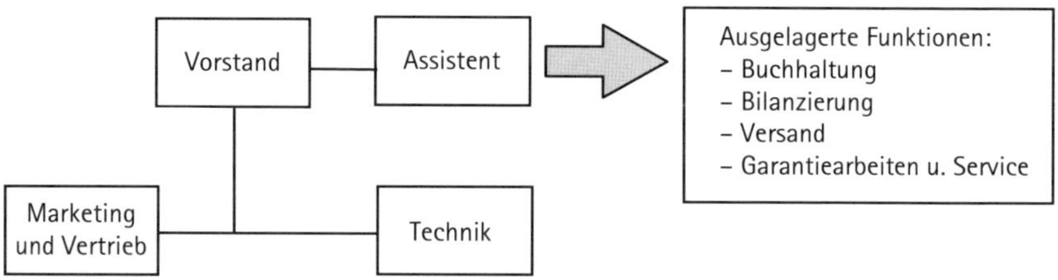

Die indirekten Sachkosten werden pro Bereich geplant, unter dem Begriff „laufende Sachkosten" werden die Positionen Raummiete, Porto, Telefon,

Büromaterial, Reisekosten, Beratung, Internet, Pflege der Homepage und Sonstiges zusammengefasst, ohne sie im Detail aufzulisten.

Verwaltung

- Lfd. Sachkosten 14.500 Euro
- Umzug (einmalig) 10.000 Euro
  Da geplant ist, die Immobilie zu verkaufen, in der das Unternehmen jetzt seinen Sitz hat, muss in gemietete Räume umgezogen werden.

Marketing und Vertrieb

- Lfd. Sachkosten 9.000 Euro
- Homepage einrichten (einmalig) 25.000 Euro

Technik

- Lfd. Sachkosten 6.000 Euro

6 Umsetzungsfahrplan

Zur Umsetzung der Idee sind folgende Aktivitäten wesentlich:

- Verkauf der Immobilie, Ziel: >= 10 Mio. Euro, zur Finanzierung des Neugeschäfts.
  Die Realisierung dieses Vorhabens ist Grundlage für die Umsetzung der gesamten drahtesel-Idee. Ohne Verkauf der Immobilie zu einem akzeptablen Preis ist der ganze Plan gefährdet.
- Kapitalerhöhung zur Sicherstellung der Liquidität.
- Einstellung geeigneter Mitarbeiter.
- Erstellung der Homepage drahtesel.de.
- Durchführung der Investitionen in Technik, Vertrieb und Verwaltung.
- Feinspezifikation der Biketypen, Varianten und Ausstattungen.
- Rechtzeitige Bestellung der Teile zum Verkaufsbeginn.

Die folgende Graphik fasst die Aktivitäten und die für ihre Ausführung Verantwortlichen zusammen.

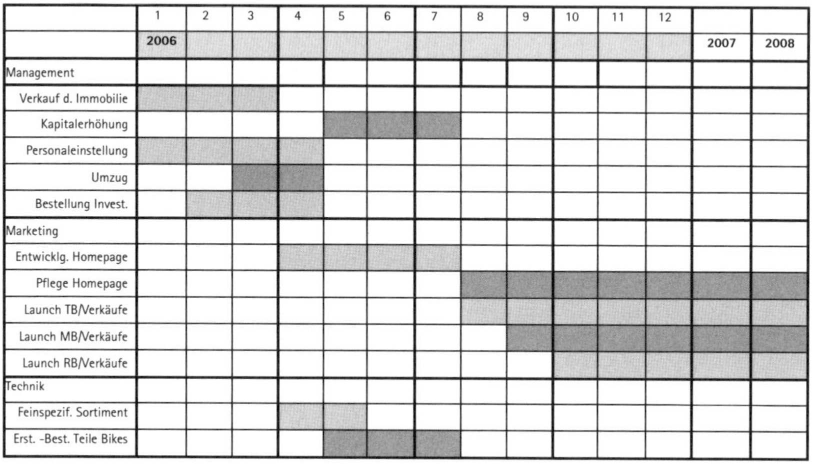

7 Finanzplan

Wichtigste Ergebnisse

Für den Planungszeitraum werden die folgenden Ergebnisse erwartet:

Werte in Euro	2006	2007	2008
Umsatz	898.000	4.393.000	13.970.000
Gewinn vor Steuern	-771.000	772.000	4.244.000

Ausführliche GuV, Bilanz und Liquiditätsplanung siehe folgende Seiten.

Annahmen

Bereits getroffen wurden Annahmen über Produkt-Kalkulation, Preisstellung und Absatzplanung der Produkte, indirekte Kosten: Werbebudget, Personal- und Sachkosten. Darüber hinaus fließen die folgenden Annahmen in den Finanzplan ein.

Investitionen

• Büro inkl. Software (2006)	75.000 Euro
• Betriebsausstattung (2006)	425.000 Euro
Betriebsausstattung (2007)	250.000 Euro
Betriebsausstattung (2008)	250.000 Euro
• Verkauf Immobilie (April 2006)	10 Mio. Euro

(damit Rückzahlung von Kontokorrent und Darlehen)

Kapitalerhöhung

Kapitalerhöhung um 0,5 Mio. Euro von 1,5 Mio. Euro auf 2 Mio. Euro zu nominal im Juli 2006.
Dafür ist eine Provision von sechs Prozent (= 30.000 Euro) im August 2006 eingeplant.

Finanzparameter

Zahlfrist Lieferanten, Kunden, Investitionen	30 Tage
Zahlfrist Gehälter	0
Lagerdauer Vorräte	30 Tage
Kontokorrent Soll/Haben	8 %/3 %
Ertragssteuern	39 % Gew. v. St.

Sonstiges

Mieteinnahmen entfallen ab April 2006.

Gewinn- und Verlustrechnung 2006-2008

GuV, Werte in Euro	2006	2007	2008
Umsatzerlöse	897.770	4.392.600	13.970.200
Sonstige betriebliche Erträge	0	0	0
Direkte Kosten	469.330	2.457.200	7.805.900
Deckungsbeitrag	**428.440**	**1.935.400**	**6.164.300**
Verwaltung	257.500	274.800	274.800
Technik	142.500	181.200	181.200
Vertrieb	251.122	577.008	1.343.216
Abschreibungen	335.000	150.000	200.000
Rückstellungen	0	0	0
Betriebskosten	**986.122**	**1.183.008**	**1.999.216**
Betriebsergebnis	**-557.682**	**752.392**	**4.165.084**
Zinsaufwand	231.970	0	0
Zinsertrag	18.535	19.428	79.400
Außerord. Aufwand	0	0	0
Außerord. Ertrag	0	0	0
Vorläuf. Ergebnis v. Steuern	**-771.117**	**771.820**	**4.244.484**
Steuern E/E	0	0	1.558.123
Jahresüberschuss/-fehlbetrag	**-771.117**	**771.820**	**2.686.361**
Ausschüttungen	0	0	0
Rücklagen	0	0	0
Bilanzergebnis	**-771.117**	**771.820**	**2.686.361**

Liquiditätsplanung 2006-2008

Liquidität, Werte in Euro	2006	2007	2008
Anfangsstand Bank	**-3.000.000**	**369.534**	**925.481**
Einnahmen aus Forderungen	784.674	4.977.537	15.279.597
Einzahlung Zinseinnahmen	18.535	19.428	79.400
Einnahmen aus Desinvestitionen	10.300.000	0	0
Einzahlung Neuaufnahme v. Darlehen	0	0	0
Einzahlungen sonst. Forderungen	24.947	0	0
Außerord. Ertrag	0	0	0
Eigenkapitalveränderung	500.000	0	0
Summe Cash In	**11.628.156**	**4.996.965**	**15.358.997**
Auszahlung Personalaufwand	347.406	593.745	1.200.237
Auszahlg. Material- und sonst. Aufwand	863.839	3.400.597	9.696.748
Auszahlung Zinsaufwand	231.970	0	0
Auszahlung Investitionen	0	265.833	290.000
Auszahlung Tilgung	6.000.000	0	0
Auszahlung Steuern	0	0	0
Auszahlung Umsatzsteuersaldo	815.407	180.842	730.048
Sonstige Auszahlungen	0	0	0
Ausschüttungen	0	0	0
Summe Cash Out	**8.258.622**	**4.441.018**	**11.917.033**
Endstand Bank	**369.534**	**925.481**	**4.367.446**

Bilanzentwicklung 2006–2008

Bilanz, Werte in Euro	**2006**	**2007**	**2008**
Anlagevermögen	10.260.000	425.000	525.000
Investitionen	-9.500.000	250.000	250.000
Abschreibungen	335.000	150.000	200.000
Summe Anlagevermögen	**425.000**	**525.000**	**575.000**
Vorräte	146.690	204.767	650.492
Forderungen	306.739	424.618	1.350.453
Sonst. Forderungen	0	0	0
Flüssige Mittel	369.534	925.481	4.367.446
Summe Umlaufvermögen	**822.963**	**1.554.866**	**6.368.390.**
Summe Aktiva	**1.247.963**	**2.079.866**	**6.943.390**
Eigenkapital	2.000.000	2.000.000	2.000.000
Rücklagen	0	0	0
Gewinn-/Verlustvortrag	-250.000	-1.021.117	-249.297
Bilanzergebnisse lfd. Periode	-771.117	771.820	2.686.361
Summe Eigenkapital	**978.883**	**1.750.703**	**4.437.064**
Pensionsrückstellungen	0	0	0
Sonstige Rückstellungen	0	0	0
Langfr. Verbindlichkeiten	0	0	0
Summe langfr. Verbindl.	**0**	**0**	**0**
Kontokorrent	0	0	0
Verbindlichkeiten Lieferanten	258.937	309.772	879.725
Sonst. Verbindlichkeiten	0	0	0
Umsatzsteuerverbindlichkeiten	6.593	15.841	64.928
Steuerverbindlichkeiten E/E	0	0	1.558.123
Verbindlichkeiten Personal	3.550	3.550	3.550
Summe kurzfr. Verbindl.	**269.080**	**329.163**	**2.506.326**
Summe Passiva	**1.247.963**	**2.079.866**	**6.943.390**

8 Risiken und Sensitivitätsanalyse

Hauptrisiken

Die Risiken für drahtesel.de liegen auf der Seite von Cash Flow und Kapital: Klappt der Verkauf der Immobilie nicht oder nur zu einem deutlich geringeren Preis, wird es schwer, die Idee zu realisieren.
Findet sich kein Investor für die Kapitalerhöhung, gerät drahtesel.de in der Startphase der Verkäufe in Liquiditätsprobleme.

Verhalten bei Absatzproblemen

Um die Empfindlichkeit des Unternehmens gegenüber Minderpreisen und Mindermengen festzustellen, wurde eine Sensitivitätsanalyse durchgeführt. Dazu wurden jeweils 20-prozentige Senkungen von Verkaufspreis und Absatzvolumen über alle Planperioden simuliert. Einfluss auf das Betriebsergebnis:

Preis . /. 20 %:

Das Betriebsergebnis fällt von 23 % auf 5 % vom Umsatz.

Volumen . /. 20 %:

Das Betriebsergebnis fällt von 23 % auf 19 % vom Umsatz.
Das heißt, das Verfehlen des Preisziels hat schwerer wiegende Folgen als ein Verfehlen des Mengenziels.

9 Unternehmensbewertung

Auf Basis der getroffenen Annahmen und durchgeführten Planungen soll der Wert des Unternehmens geschätzt werden.
Dazu werden Annahmen über den Abzinsungsfaktor und das KGV getroffen. Der Abzinsungsfaktor setzt sich aus einem risikolosen und einem Risikozinssatz zusammen. Der risikolose Zinssatz wird mit fünf Prozent angenommen. Faustregel für den Risikozinssatz sind zehn Prozent für eingeses-

sene Unternehmen in reifen Märkten und 30 Prozent für junge Unternehmen in neuen Märkten.
Beim KGV wird bei ähnlichen Kriterien von Werten zwischen Zehn und 30 ausgegangen.
Für drahtesel.de wird konservativ ein Abzinsungsfaktor von 35 Prozent und ein KGV von 15 angesetzt. Der Korrekturwert ist Null, Verbindlichkeiten sind 2006 nicht mehr vorhanden.

- Free Cash Flow-Methode mit Liquidation Ende 2008: 10,2 Mio. Euro
- Free Cash Flow-Methode und Weiterführung: 12,3 Mio. Euro
- Marktwert-Methode: 16,4 Mio. Euro

Das Grundkapital von 2 Mio. Euro ist eingeteilt in 400.000 Aktien zu nominal fünf Euro.
Das Kursziel der Aktie drahtesel.de liegt demnach zwischen 25 und 40 Euro, bei konservativem Ansatz.

<u>Für einen Investor heißt das:</u>
Aus einer Investition von 500.000 Euro könnte ein Betrag zwischen 2,5 Mio. Euro und 4 Mio. Euro werden.

Alles Wichtige zu Ich-AG, Überbrückungsgeld und Existenzgründung

Nach dem Business Plan fängt die richtige Arbeit an – die Übertragung des Geschriebenen in „richtiges" Geschäft. In einem existierenden Unternehmen muss dann „nur" ein Umsetzungsfahrplan abgearbeitet werden, ähnlich dem in Kapitel 6 des Musterplans. Das gewählte Beispiel deckt zahlreiche Gründe ab, für die ein Business Plan verfasst wird: Neuausrichtung, Reorganisation, Kapitalbeschaffung, neuer Vertriebsweg etc. Aber wie es in einem Beispiel eben ist, können darin nicht alle Situationen beschrieben werden. Speziell bei Neugründungen von Unternehmen müssen einige zusätzliche Punkte beachtet werden. Auf diese will ich kurz eingehen, da es im gegenwärtigen wirtschaftlichen Umfeld wichtig erscheint.

Robert Ritter möchte ein PC-Geschäft eröffnen

Robert Ritter war bis vor kurzem Netzwerk-Administrator bei einem international tätigen Broker. Wegen einer massiven Fehlspekulation wurde Insolvenz angemeldet und Robert Ritter ist nun arbeitslos. Da er nicht wieder durch fremde Fehler Schaden erleiden will, beschließt er, sich selbständig zu machen. Er hat etwas Geld gespart und arbeitet gerne mit PCs. Deswegen möchte er ein PC-Geschäft aufmachen, mit der Möglichkeit, seine speziellen Kenntnisse auch bei Firmenkunden anzubieten. Er schreibt seine Geschäftsidee auf, aber bevor er einen endgültigen Finanzplan erstellen und den Kapitalbedarf ermitteln kann, muss er einige Entscheidungen treffen.

Überbrückungsgeld oder Ich-AG?

Arbeitnehmer, die durch den Weg in die Selbstständigkeit ihre Arbeitslosigkeit vermeiden oder beenden, können vom Staat unterstützt werden. Dazu gibt es zwei Möglichkeiten: das Überbrückungsgeld und die Ich-AG (offiziell: Existenzgründungszuschuss). Diese beiden Fördermöglichkeiten unterscheiden sich im Wesentlichen in Dauer und Höhe der Zahlungen.

Zielgruppe für Zahlungen

Angesprochen sind in beiden Fällen arbeitslose Leistungsbezieher, Beschäftigte in ABM (Arbeitsbeschaffungsmaßnahmen) oder SAM (Strukturanpassungsmaßnahmen), unter bestimmten Bedingungen auch von Arbeitslosigkeit bedrohte Arbeitnehmer.

Business Plan seit Januar 2005 auch für Ich-AG zwingend

Der Antrag auf Förderung muss **vor** Beginn der Selbständigkeit gestellt werden und die Stellungnahme einer fachkundigen Stelle über die Tragfähigkeit der Existenzgründung (Business Plan) muss vorgelegt werden. Diese fachkundige Stelle kann z. B. ein Steuerberater, Wirtschaftsprüfer oder Unternehmensberater Ihrer Wahl sein.

Bei der Unterstützung in Form der Ich-AG darf der voraussichtliche Gewinn nicht mehr als 25.000 € pro Jahr betragen – sonst entfällt die Förderung im folgenden Jahr.

Förderhöhe und -dauer

Bei der Ich-AG kann Förderung über max. drei Jahre erfolgen. Die Förderhöhe liegt bei monatlich 600 € im ersten Jahr der Förderung und reduziert sich auf monatlich 360 € im zweiten und auf 240 € im dritten Jahr.

Überbrückungsgeld wird für sechs Monate gezahlt. Die Zahlungen erfolgen in Höhe des letzten Arbeitslosengeldes plus die darauf entfallenden Sozialversicherungsbeiträge (pauschal 68,5 %). Im Fall der Vermeidung von Arbeitslosigkeit ist Basis für die Zahlungen der Betrag, der bei Arbeitslosigkeit gezahlt würde.

Steuer

Die Zuschüsse sind steuerfrei und unterliegen keinem Progressionsvorbehalt.

Sozialversicherung

Gründer von Ich-AGs sind während des Bezugs der Zuschüsse in der gesetzlichen Rentenversicherung versicherungspflichtig. Die Beiträge liegen bei 230 € (West) bzw. 195 € (Ost). Sie können bei nachweislich unterdurchschnittlichem Einkommen auf 78 € pro Monat gesenkt werden. Die Versicherung in der gesetzlichen Kranken- und Pflegeversicherung ist freiwillig mit relativ geringen Beiträgen (monatlich 170 € Krankenversicherung, ca. 20 € Pflegeversicherung).

Bei Bezug von Überbrückungsgeld besteht nur z. T. Versicherungspflicht in der gesetzlichen Rentenversicherung. Für Pflichtversicherte sind die Beiträge genauso hoch wie bei der Ich-AG. Die Mitgliedschaft in Kranken- und Pflegeversicherung ist freiwillig.

Praxis-Beispiel

Robert Ritter: Ich-AG oder Überbrückungsgeld?

Robert Ritter bezieht ein Arbeitslosengeld von 1.500 € pro Monat. Das eigentliche Überbrückungsgeld würde damit 6 × 1.500 € = 9.000 € betragen. Für seinen Aufwand für Renten-, Kranken- und Pflegeversicherung erhält er 1.050 € pro Monat zusätzlich. Insgesamt bezieht Robert Ritter in den sechs Monaten der Förderung 15.300 €. Danach muss er sich aus seiner Selbstständigkeit finanzieren.

Wählt er die Ich-AG, erhält er über die drei Jahre der Förderung insgesamt 14.400 €, also etwas weniger. Hinzu kommt, dass sein Gewinn aus der Ich-AG in jedem der Förderjahre unter 25.000 € bleiben müsste, damit die Förderung nicht entfällt. Und wer weiß schon, was in drei Jahren ist?

Außerdem stört ihn bei der Ich-AG die Zwangsmitgliedschaft in der gesetzlichen Rentenversicherung. Die Förderung fließt zu einem großen Teil dorthin, dazu noch bei geringer Rendite, falls es überhaupt eine gibt. Das Geld könnte er für seine Existenzgründung besser verwenden. (Oder, falls er es nicht dafür benötigt, gewinnbringender anlegen.)

Robert Ritter entscheidet sich für das Überbrückungsgeld. ◂

Kernfaktoren für die Entscheidung

Der Zuschuss für die Ich-AG ist fix, das Überbrückungsgeld variabel. Je höher Ihr Arbeitslosengeld ist, desto höher ist das Überbrückungsgeld. Sie können sich selbst ausrechnen, wie hoch es wäre.

Vier Faktoren

1. Je mehr Sie verdienen, desto günstiger ist das Überbrückungsgeld für Sie.
2. Der Vergleich der fälligen Sozialbeiträge ist der zweite Kernfaktor für Ihre Entscheidung.
3. Die Gewinnbegrenzung auf 25.000 € pro Jahr bei der Ich-AG während der Förderzeit führt dazu, dass die Fördersumme u. U. deutlich unterhalb von 14.400 € liegen kann: Falls Sie schon im ersten Jahr Ihrer Gründung einen Gewinn von mehr als 25.000 € erzielen, halbiert sich der Zuschuss für die Ich-AG von 14.400 € auf 7.200 €, da die Zahlungen für die Jahre 2 und 3 entfallen.
4. Falls Sie früh merken, dass Ihr Vorhaben scheitert, erhalten Sie das Überbrückungsgeld trotzdem in voller Höhe.

Der administrative Weg zu Ich-AG oder Überbrückungsgeld

To Do

Diese Schritte müssen Sie gehen

- Als Allererstes müssen Sie sich arbeitssuchend melden und Arbeitslosengeld beantragen. Der Arbeitslosengeldbescheid regelt, ob und in welcher Höhe Ansprüche bestehen.
- Sie müssen beim Arbeitsamt konkretes Interesse für Ich-AG oder Überbrückungsgeld anmelden. Sie erhalten dann die entsprechenden, unterschiedlichen Formulare. Sie müssen sich vor der Gründung für eine der beiden entscheiden. In die Formulare wird das aktuelle Datum als Tag der Antragstellung eingedruckt (nicht der Tag, an dem Sie das Formular ausgefüllt abgeben). Die Gründung darf nicht vorher erfolgen, wenn Sie eine Förderung erhalten wollen.
- Suchen Sie sich eine fachkundige Stelle, die Ihren Business Plan prüfen kann. Dies können Unternehmens- oder Steuerberater sein, Wirtschaftsprüfer, Handwerkskammern, die IHK oder andere berufsständische Kammern sowie Kreditinstitute. Suchen Sie sich dafür möglichst jemanden aus, der Erfahrung mit Business Plänen und Geschäftsideen hat und vielleicht auch im operativen Geschäft. Dies könnte eine der wichtigsten Entscheidungen auf Ihrem Weg in die Selbstständigkeit sein.
- Erarbeiten Sie den endgültigen Business Plan. Das kann, je nach Vorkenntnissen, einige Wochen oder aber auch Monate dauern, falls z. B. noch Marktrecherchen o. Ä. erforderlich sind.
- Lassen Sie den Business Plans durch die ausgewählte fachkundige Stelle prüfen und ggf. überarbeiten. Da dies alles viel Zeit kosten kann, ist es sinnvoll, mit dem Business Plan möglichst früh anzufangen, idealerweise bevor Sie endgültig arbeitslos sind.
- Geben Sie den eigentlichen Antrag auf Überbrückungsgeld bzw. Ich-AG zusammen mit dem Business Plan, der Stellungnahme der fachkundigen Stelle und der Anmeldung eines Gewerbes bzw. einer freiberuflichen Tätigkeit beim Arbeitsamt ab.
- Das Arbeitsamt entscheidet über Ihren Antrag und informiert Sie mit einem Bewilligungsbescheid (oder – hoffentlich nicht – mit einer Ablehnung).

Welche Rechtsform soll die Neugründung erhalten?

Eine Neugründung aus der Arbeitslosigkeit heraus, mit Überbrückungsgeld oder als Ich-AG, wird meist eine Personengesellschaft sein: entweder eine Ein-Personen-Gesellschaft des Gründers oder, wenn sich mehrere Gründer zusammentun, eine GbR (Gesellschaft bürgerlichen Rechts).

Ich-AG

Die Ich-AG ist nichts anderes als eine ganz normale Personengesellschaft (und keinesfalls mit der Aktiengesellschaft zu verwechseln), die über drei Jahre vom Arbeitsamt unterstützt wird.

GmbH

Für die Neugründung stehen Ihnen aber auch alle anderen Rechtsformen offen. Dann sind allerdings einige Besonderheiten zu berücksichtigen. Gründen Sie z. B. eine GmbH und setzen sich selbst als bezahlten Geschäftsführer ein, kann Ihr Antrag auf Überbrückungsgeld abgelehnt werden.

GbR

Im Rahmen von Ich-AG oder Überbrückungsgeld können Sie sich auch mit Partnern selbstständig machen, z. B. in einer GbR; entscheidend ist Ihre Eigenschaft als Unternehmer. Bei zwei Partnern mit jeweils 50 Prozent Beteiligung wird dies i. A. als gegeben angesehen, bei drei oder mehr Partnern ist eine entsprechende Argumentation notwendig.

Gesellschaftsvertrag

Wenn Sie sich mit Partnern zusammentun, ist ein Gesellschaftsvertrag sinnvoll (obwohl er nicht zwingend vorgeschrieben ist). In diesem Vertrag werden die Entscheidungsbefugnisse geregelt.

Stellen Sie sich vor, Sie und Ihr Partner haben jeweils 50 Prozent der Anteile und gleiche Entscheidungsbefugnis in allen Dingen. Bei Meinungsunterschieden oder gar Streit ist ein Patt vorprogrammiert – es wird keine Entscheidung getroffen und das Unternehmen stagniert.

Gründung oder Übernahme?

Oft hat man die Wahl, ein Geschäft völlig neu zu gründen oder ein existierendes zu übernehmen, u. U. auch aus einer Insolvenz.

Neugründung

Bei einer Neugründung haben Sie weitgehend freie Wahl aller Parameter, müssen aber genaue Überlegungen hinsichtlich Standort, Rechtsform, Anzahl und Art der Mitarbeiter (und ihrer Anstellungsverträge) anstellen.

Übernahme

Bei einer Übernahme ist der Standort vorgegeben (ein Umzug gleich zum Start ist eher unpraktisch), meist hat man einen Kundenstamm, aber die Mitarbeiter müssen i. A. mitsamt den Arbeitsverträgen übernommen werden.

Woher kommt das Kapital?

Staatliche Förderung

Außer vorhandenem Eigenkapital, den ggf. von einer VC-Gesellschaft zur Verfügung gestellten Mitteln sowie dem klassischen Bankkredit – der allerdings mit immer strengeren Auflagen und gegen immer größere Sicherheiten ausgereicht wird – gibt es zahlreiche Möglichkeiten staatlicher oder regionaler Förderung. Die Anträge werden über die Hausbank gestellt und die zu fördernde Maßnahme darf noch nicht begonnen haben.

Was muss ich bei den Mitarbeitern bedenken?

Zu Anfang einer unternehmerischen Existenz ist die geschäftliche Zukunft häufig ungewiss. Achten Sie deshalb darauf, die Personalkosten überschaubar zu halten und sie bei Bedarf schnell senken zu können. Ansatzpunkte hierzu liefern 400-€ -(Mini-)Jobs und befristete Arbeitsverträge.

Mini-Job

Bei einem Mini-Job zahlen Sie als Arbeitgeber zu den 400 € (oder einem kleineren Betrag, je nach Vertrag) für den Mitarbeiter zusätzlich 25 Prozent pauschal für Steuern, Renten- und Krankenversicherung.

Befristete Verträge

Befristete Arbeitsverträge werden von vornherein für einen bestimmten Zeitraum geschlossen, zu dessen Ende der Vertrag ohne weitere Kündigung beendet ist. Befristete Arbeitsverträge dürfen über maximal zwei Jahre laufen, und in dieser Zeit höchstens dreimal verlängert werden. Mit Ausnahme der Kündigung gelten die gleichen tariflichen und arbeitsrechtlichen Regelungen wie bei einem unbefristeten Vertrag.

Hilfe beim Finanzplan? Keine Zeit für einen Business Plan?

Dieser Erste Hilfe-Ratgeber gibt Ihnen bereits wertvolle Unterstützung bei der Erstellung eines Business Plans.
Auf der CD-ROM finden Sie Checklisten, die Ihnen das schrittweise Abarbeiten der Themen eines Business Plans erleichtern, und eine Software für einen einfachen Finanzplan.

Ich helfe Ihnen gerne.

Benötigen Sie zusätzliche Unterstützung für einen professionellen Finanzplan? Oder haben Sie keine Zeit für die Ausarbeitung eines individuellen Business Plans? Für Fragen stehe ich Ihnen zur Verfügung unter uweherzberg@t-online.de.
Zusätzliche Informationen zum Thema Business Plan finden Sie auf www.easy-planning.de, der Homepage der Uwe Herzberg Managementberatung.

Anhang: Nützliche Adressen

Deutscher Industrie und Handelstag (DIHK)

Deutscher Industrie- und Handelskammertag (DIHK)
Adenauerallee 148
53113 Bonn
Telefon: (0228) 1 04-0

DIHK-Kammervereinigungen

Württembergischer Industrie- und Handelskammertag
Jägerstraße 30
70124 Stuttgart
Telefon: (0711) 20 05-0

Bayrischer Industrie- und Handelskammertag
Max-Joseph-Straße 2
80323 München
Telefon: (089) 51 16-0

Landesarbeitsgemeinschaft der Industrie- und Handelskammern in Brandenburg
Große Weinmeisterstraße 59
14469 Potsdam
Telefon: (0331) 27 86-0

Arbeitsgemeinschaft Hessischer Industrie- und Handelskammern
Börsenplatz 4
60313 Frankfurt/Main
Telefon: (069) 21 97-0

Landesarbeitsgemeinschaft der Industrie- und Handelskammern in Mecklenburg-Vorpommern
Ernst-Barlach-Straße 1–3
18055 Rostock
Telefon: (0381) 3 38-0

Vereinigung der Niedersächsischen Industrie- und Handelskammern
Schiffgraben 49
30175 Hannover
Telefon: (0511) 31 07-2 89

Arbeitsgemeinschaft Norddeutsche Industrie- und Handelskammern
Adolphsplatz 1
20457 Hamburg
Telefon: (040) 36 63 82

Vereinigung der Industrie- und Handelskammern in Nordrhein-Westfalen
Goltsteinstraße 31
40211 Düsseldorf
Telefon: (0211) 3 67 02-0

Arbeitsgemeinschaft der Industrie- und Handelskammern in Rheinland-Pfalz
Ludwigsplatz 2–4
67059 Ludwigshafen
Telefon: (0621) 59 04-0

Landesarbeitsgemeinschaft der sächsischen Industrie- und Handelskammern
Niedersedlitzer Straße 63
01257 Dresden
Telefon: (0351) 28 02-0

Vereinigung der Industrie- und Handelskammern in Schleswig-Holstein
Lorentzdamm 24
24103 Kiel
Telefon: (0431) 51 94-0

Arbeitsgemeinschaft der Industrie- und Handelskammern in Thüringen
Weimarische Straße 45
99099 Erfurt
Telefon: (0361) 34 84-0

Industrie- und Handelskammern (IHK)

IHK Aachen
Theaterstraße 6–10
52062 Aachen
Telefon: (0241) 44 60-0

IHK Arnsberg
Königstraße 18–20
59821 Arnsberg
Telefon: (02931) 8 78-0

IHK Aschaffenburg
Kerschensteinerstraße 9
63701 Aschaffenburg
Telefon: (06021) 8 80-0

IHK Augsburg
Stettenstraße 1–3
86150 Augsburg
Telefon: (0821) 31 62-0

IHK Bayreuth
Bahnhofstraße 25–27
95444 Bayreuth
Telefon: (0921) 8 86-0

IHK Berlin
Fasanenstraße 85
10623 Berlin
Telefon: (030) 3 15 10-0

IHK Bielefeld
Elsa-Brandström-Straße 1–3
33602 Bielefeld
Telefon: (0521) 5 54-0

IHK Bochum
Ostring 30–32
44787 Bochum
Telefon: (0234) 91 13-0

IHK Bonn
Bonner Talweg 17
53113 Bonn
Telefon: (0228) 22 84-0

IHK Braunschweig
Brabandtstraße 11
38100 Braunschweig
Telefon: (0531) 47 15-0

IHK Bremen
Haus Schütting
Am Markt 13
28195 Bremen
Telefon: (0421) 36 37-0

IHK Bremerhaven
Friedrich-Ebert-Straße 6
27570 Bremerhaven
Telefon: (0471) 9 24 60-0

IHK Chemnitz
Straße der Nationen 25
09111 Chemnitz
Telefon: (0371) 69 00-0

IHK Coburg
Palais Edinburg
Schlossplatz 5
96450 Coburg
Telefon: (09561) 74 26-0

IHK Cottbus
Goethestraße 1
03046 Cottbus
Telefon: (0355) 3 65-0

IHK Darmstadt
Rheinstraße 89
64295 Darmstadt
Telefon: (06151) 8 71-0

IHK Detmold
Leonardo-da-Vinci-Weg 2
32760 Detmold
Telefon: (05231) 76 01-0

IHK Dillenburg
Am Nebelsberg
35685 Dillenburg
Telefon: (02771) 8 42-0

IHK Dortmund
Märkische Straße 120
44141 Dortmund
Telefon: (0231) 54 17-0

IHK Dresden
Niedersedlitzer Straße 63
01257 Dresden
Telefon: (0351) 28 02-0

IHK Düsseldorf
Ernst-Schneider-Platz 1
40121 Düsseldorf
Telefon: (0211) 35 57-0

IHK Duisburg
Mercatorstraße 22–24
47051 Duisburg
Telefon: (0203) 28 21-0

IHK Emden
Ringstraße 4
26721 Emden
Telefon: (04921) 89 01-0

IHK Erfurt
Weimarische Straße 45
99099 Erfurt
Telefon: (0361) 34 83-0

IHK Essen
Am Waldthausenpark 2
45127 Essen
Telefon: (0201) 18 92-0

IHK Flensburg
Heinrichstraße 28–34
24937 Flensburg
Telefon: (0461) 8 06-0

IHK Frankfurt/Main
Börsenplatz 4
60313 Frankfurt/Main
Telefon: (069) 21 97-0

IHK Frankfurt/Oder
Puschkinstraße 12 b
15236 Frankfurt/Oder
Telefon: (0335) 56 21-0

IHK Freiburg
Schnewlinstraße 11–13
79098 Freiburg
Telefon: (0761) 38 58-0

IHK Friedberg
Goetheplatz 3
61169 Friedberg
Telefon: (06031) 6 09-0

IHK Fulda
Heinrichstraße 8
36037 Fulda
Telefon: (0661) 2 84-0

IHK Gera
Humboldtstraße 14
07545 Gera
Telefon: (0365) 85 53-0

IHK Gießen
Lonystraße 7
35390 Gießen
Telefon: (0641) 79 54-0

IHK Hagen
Bahnhofstraße 18
58095 Hagen
Telefon: (02331) 3 90-0

IHK Halle/Saale
Franckestraße 5
06110 Halle/Saale
Telefon: (0345) 21 26-0

IHK Hamburg
Adolphsplatz 1
20457 Hamburg
Telefon: (040) 3 61 38-0

IHK Hanau
Am Pedro-Jung-Park 14
63450 Hanau
Telefon: (06181) 92 90-0

IHK Hannover
Schiffgraben 49
30175 Hannover
Telefon: (0511) 31 07-0

IHK Heilbronn
Rosenbergstraße 8
74072 Heilbronn
Telefon: (07131) 96 77-0

IHK Karlsruhe
Lammstraße 13–17
76133 Karlsruhe
Telefon: (0721) 1 74-0

IHK Kassel
Kurfürstenstraße 9
34117 Kassel
Telefon: (0561) 78 91-0

IHK Kiel
Lorentzendamm 24
24103 Kiel
Telefon: (0431) 51 94-0

IHK Koblenz
Schlossstraße 2
56068 Koblenz
Telefon: (0261) 1 06-0

IHK Köln
Unter Sachsenhausen 10–26
56068 Köln
Telefon: (0221) 16 40-0

IHK Konstanz
Schützenstraße 8
78462 Konstanz
Telefon: (07531) 28 60-0

IHK Krefeld
Nordwall 39
47798 Krefeld
Telefon: (02151) 6 35-0

IHK Leipzig
Goerdelerring 5
04109 Leipzig
Telefon: (0341) 12 67-0

IHK Limburg
Walderdorffstraße 7
65549 Limburg
Telefon: (06431) 2 10-0

IHK Lindau
Maximilianstraße 1
88131 Lindau
Telefon: (08382) 93 83-0

IHK Ludwigshafen
Ludwigsplatz 2–4
67059 Ludwigshafen
Telefon: (0621) 59 04-0

IHK Lübeck
Breite Straße 6–8
23552 Lübeck
Telefon: (0451) 70 85-01

IHK Lüneburg
Am Sande 1
21335 Lüneburg
Telefon: (04131) 74 20

IHK Magdeburg
Alter Markt 8
39104 Magdeburg
Telefon: (0391) 56 93-0

IHK Mainz
Schillerplatz 7
55116 Mainz
Telefon:(06131) 2 62-0

IHK Mannheim
L 1, 2
68161 Mannheim
Telefon: (0621) 17 09-0

IHK München
Max-Joseph-Straße 2
80323 München
Telefon: (089) 51 16-0

IHK Münster
Sentmaringer Weg 61
48151 Münster
Telefon: (0251) 7 07-0

IHK Neubrandenburg
Katharinenstraße 48
17033 Neubrandenburg
Telefon: (0395) 55 97-0

IHK Nürnberg
Hauptmarkt 25–27
90403 Nürnberg
Telefon: (0911) 13 35-0

IHK Offenbach
Platz der Deutschen Einheit 5
63065 Offenbach
Telefon: (069) 82 07-0

IHK Oldenburg
Moslestraße 6
26122 Oldenburg
Telefon: (0441) 22 20-0

IHK Osnabrück
Neuer Graben 38
49074 Osnabrück
Telefon: (0541) 3 53-0

IHK Passau
Nibelungenstraße 15
94032 Passau
Telefon: (0851) 5 07-0

IHK Pforzheim
Dr. -Brandenburg-Straße 6
75173 Pforzheim
Telefon: (07231) 2 01-0

IHK Potsdam
Große Weinmeisterstraße 59
14469 Potsdam
Telefon: (0331) 27 86-0

IHK Regensburg
Dr. -Martin-Luther-Straße 12
93047 Regensburg
Telefon: (0941) 56 94-0

IHK Reutlingen
Hindenburgstraße 54
72762 Reutlingen
Telefon: (07121) 2 01-0

IHK Rostock
Ernst-Barlach-Straße 1–3
18055 Rostock
Telefon: (0381) 3 38-0

IHK Saarbrücken
Franz-Josef-Röder-Straße 9
66119 Saarbrücken
Telefon: (0681) 95 20-0

IHK Schwerin
Schlossstraße 17
19053 Schwerin
Telefon: (0385) 51 03-0

IHK Siegen
Koblenzer Straße 121
57072 Siegen
Telefon: (0271) 33 02-0

IHK Stade
Am Schäferstieg 2
21680 Stade
Telefon: (04141) 5 24-0

IHK Stuttgart
Jägerstraße 30
70174 Stuttgart
Telefon: (0711) 20 05-0

IHK Suhl
Hauptstraße 33
98529 Suhl-Mäbendorf
Telefon: (03681) 3 62-0

IHK Trier
Kornmarkt 6
54290 Trier
Telefon: (0651) 97 77-0

IHK Ulm
Olgastraße 101
89073 Ulm
Telefon: (0731) 1 73-0

IHK Villingen-Schwenningen
Romäusring 4
78050 Villingen-Schwenningen
Telefon: (07721) 9 22-0

IHK Wetzlar
Friedenstraße 2
35578 Wetzlar
Telefon: (06441) 94 48-0

IHK Wiesbaden
Wilhelmstraße 24–26
65183 Wiesbaden
Telefon: (06 11) 15 00-0

IHK Würzburg
Mainaustraße 33
97082 Würzburg
Telefon: (0931) 41 94-0

IHK Wuppertal
Heinrich-Kamp-Platz 2
42103 Wuppertal
Telefon: (0202) 24 90-0

Handwerkskammern

Zentralverband des Deutschen Handwerks (ZDH)
Mohrenstraße 20–21
10117 Berlin
Telefon: (0 30) 2 06 19-0

ZDH-Landesvertretungen

Baden-Württembergischer Handwerkstag
Heilbronner Straße 43
70191 Stuttgart
Telefon: (0711) 16 57-0

Bayrischer Handwerkstag
Max-Joseph-Straße 4
80333 München
Telefon: (089) 55 75-01

Landeshandwerksvertretung Berlin
Blücherstraße 68
10961 Berlin
Telefon: (030) 2 59 03-01

Landeshandwerksvertretung Bremen
Ansgaritorstraße 24
28195 Bremen
Telefon: (0421) 3 05 00-0

Landeshandwerksvertretung Hamburg
Holstenwall 12
20355 Hamburg
Telefon: (040) 3 59 05-1

Hessischer Handwerkstag
Bahnhofstraße 63
65185 Wiesbaden
Telefon: (0611) 1 36-0

Niedersächsischer Handwerkstag
Ferdinandstraße 3
30175 Hannover
Telefon: (0511) 3 80 87-0

Nordrhein-Westfälischer Handwerkstag
Georg-Schulhoff-Platz 1
40221 Düsseldorf
Telefon: (0211) 39 68 48 oder 87 95-315

Landeshandwerksvertretung Rheinland-Pfalz
Göttelmannstraße 1
55130 Mainz
Telefon: (06131) 99 92-0

Landeshandwerksvertretung des Saarlandes
Hohenzollernstraße 47–49
66117 Saarbrücken
Telefon: (0681) 58 09-0

Sächsischer Handwerkstag
Wiener Straße 43
01219 Dresden
Telefon: (0351) 4 64 03-0

Landeshandwerksrat Schleswig-Holstein
Breite Straße 10–12
23552 Lübeck
Telefon: (0451) 15 06-0

Westdeutscher Handwerkskammertag e. V.
Sternwartstraße 27–29
40225 Düsseldorf
Telefon: (0211) 30 07 76-0

HWK Aachen
Sandkaulbach 21
52062 Aachen
Telefon: (0241) 4 71-0

HWK Arnsberg
Brückenplatz 1
59821 Arnsberg
Telefon: (02931) 8 77-0

HWK Augsburg
Schmiedberg 4
86152 Augsburg
Telefon: (0821) 32 59-0

HWK Aurich
Straße des Handwerks 2
26603 Aurich
Telefon: (04941) 17 97-0

HWK Bayreuth
Kerschensteinerstraße 7
95448 Bayreuth
Telefon: (0921) 9 10-0

HWK Berlin
Blücherstraße 68
10961 Berlin
Telefon: (030) 2 59 03-01

HWK Braunschweig
Burgplatz 2
38100 Braunschweig
Telefon: (0531) 4 80 13-0

HWK Bremen
Ansgaritorstraße 24
28195 Bremen
Telefon: (0421) 3 05 00-0

HWK Chemnitz
Limbacher Straße 195
09116 Chemnitz
Telefon: (0371) 53 64-0

HWK Coburg
Hinterer Floßanger 6
96450 Coburg
Telefon: (09561) 5 17-0

HWK Cottbus
Altmarkt 17
03046 Cottbus
Telefon: (0355) 78 35-0

HWK Darmstadt
Hindenburgstraße 1
64295 Darmstadt
Telefon: (06151) 30 07-0

HWK Dortmund
Reinoldistraße 7–9
44135 Dortmund
Telefon: (0231) 54 93-0

HWK Dresden
Wiener Straße 43
01219 Dresden
Telefon: (0351) 46 40-30

HWK Düsseldorf
Georg-Schulhoff-Platz 1
40211 Düsseldorf
Telefon: (0211) 87 95-0

HWK Erfurt
Fischmarkt 13–16
99084 Erfurt
Telefon: (0361) 67 07-0

HWK Flensburg
Johanniskirchhof 1
24937 Flensburg
Telefon: (0461) 8 66-0

HWK Frankfurt/Main
Bockenheimer Landstraße 21
60325 Frankfurt/Main
Telefon: (069) 9 71 72-0

HWK Frankfurt/Oder
Bahnhofstraße 12
15230 Frankfurt/Oder
Telefon: (0335) 56 19-0

HWK Freiburg
Bismarckallee 6
79098 Freiburg
Telefon: (0761) 2 18 00-0

HWK Gera
Handwerksstraße 5
07545 Gera
Telefon: (0365) 88 25-0

HWK Halle/Saale
Graefestraße 24
06110 Halle/Saale
Telefon: (0345) 29 99-0

HWK Hamburg
Holstenwall 12
20355 Hamburg
Telefon: (040) 3 59 05-0

HWK Hannover
Berliner Allee 17
30175 Hannover
Telefon: (0511) 3 48 59-0

HWK Heilbronn
Allee 76
74072 Heilbronn
Telefon: (07131) 7 91-0

HWK Hildesheim
Braunschweiger Straße 53
31134 Hildesheim
Telefon: (05121) 1 62-0

HWK Kaiserslautern
Am Altenhof 15
67655 Kaiserslautern
Telefon: (0631) 36 77-0

HWK Karlsruhe
Friedrichsplatz 4–5
76133 Karlsruhe
Telefon: (0721) 16 00-0

HWK Kassel
Scheidemannplatz 2
34117 Kassel
Telefon: (0561) 78 88-0

HWK Koblenz
Friedrich-Ebert-Ring 33
56068 Koblenz
Telefon: (0261) 3 98-0

HWK Köln
Heumarkt 12
50667 Köln
Telefon: (0221) 20 22-0

HWK Konstanz
Webersteig 3
78462 Konstanz
Telefon: (07531) 2 05-0

HWK Leipzig
Dresdner Straße 11–13
04103 Leipzig
Telefon: (0341) 21 88-0

HWK Lübeck
Breite Straße 10–12
23552 Lübeck
Telefon: (0451) 15 06-0

HWK Lüneburg
Friedenstraße 6
21335 Lüneburg
Telefon: (04131) 7 12-0

HWK Magdeburg
Humboldtstraße 16
39112 Magdeburg
Telefon: (0391) 62 68-0

HWK Mainz
Göttelmannstraße 1
55130 Mainz
Telefon: (06131) 99 92-0

HWK Mannheim
B 1, 1
68159 Mannheim
Telefon: (0621) 1 80 02-0

HWK München
Max-Joseph-Straße 4
80333 München
Telefon: (089) 51 19-0

HWK Münster
Bismarckallee 1
48151 Münster
Telefon: (0251) 52 03-0

HWK Neubrandenburg
Friedrich-Engels-Ring 11
17033 Neubrandenburg
Telefon: (0395) 55 93-0

HWK Nürnberg
Sulzbacher Straße 11–15
90119 Nürnberg
Telefon: (0911) 53 09-0

HWK Oldenburg
Theaterwall 32
26122 Oldenburg
Telefon: (0441) 2 32-0

HWK Osnabrück
Bramscher Straße 134–136
49088 Osnabrück
Telefon: (0541) 69 29-0

HWK Passau
Nikolastraße 10
94032 Passau
Telefon: (0851) 53 01-0

HWK Potsdam
Charlottenstraße 34
14467 Potsdam
Telefon: (0331) 37 03-0

HWK Reutlingen
Hindenburgstraße 58
72762 Reutlingen
Telefon: (07121) 24 12-0

HWK Rostock
Schwaaner Landstraße 8
18055 Rostock
Telefon: (0381) 45 49-0

HWK Saarbrücken
Hohenzollernstraße 47
66117 Saarbrücken
Telefon: (0681) 58 09-0

HWK Schwerin
Friedensstraße 4 a
19053 Schwerin
Telefon: (0385) 74 17-0

HWK Stuttgart
Heilbronner Straße 43
70191 Stuttgart
Telefon: (0711) 16 57-0

HWK Suhl
Rosa-Luxemburg-Straße 9
98527 Suhl
Telefon: (03681) 3 70-0

HWK Trier
Loebstraße 18
54292 Trier
Telefon: (0651) 2 07-0

HWK Ulm
Olgastraße 72
89073 Ulm
Telefon: (0731) 14 25-0

HWK Wiesbaden
Bahnhofstraße 63
65185 Wiesbaden
Telefon: (0611) 1 36-0

HWK Würzburg
Rennweger Ring 3
97070 Würzburg
Telefon: (0931) 3 09 08-0

Gewerkschaften

Deutscher Gewerkschaftsbund (DGB)
Hans-Böckler-Straße 39
40476 Düsseldorf
Telefon: (0211) 43 01-0

Landesbezirke des DGB

DGB-Landesbezirk Baden Württem-berg
Willi-Bleicher-Straße 20
70174 Stuttgart
Telefon: (0711) 20 28-0

DGB-Landesbezirk Bayern
Schwanthalerstraße 64
80336 München
Telefon: (089) 5 17 00-0

DGB-Landesbezirk Ber-lin/Brandenburg
Keithstraße 1
10787 Berlin
Telefon: (030) 2 12 40-0

DGB-Landesbezirk Hessen
Wilhelm-Leuschner-Straße 69–77
60329 Frankfurt/Main
Telefon: (069) 27 30 05-0

DGB-Landesbezirk Mecklenburg-Vorpommern
Eckdrift 83
19061 Schwerin
Telefon: (0385) 63 83 20-0

DGB-Landesbezirk Niedersachsen-Bremen
Dreyerstraße 6
30169 Hannover
Telefon: (0511) 1 26 01-0

DGB-Landesbezirk Nord
Besenbinderhof 60
20097 Hamburg
Telefon: (040) 28 58-0

DGB-Landesbezirk Nordrhein-Westfalen
Friedrich-Ebert-Straße 34
40210 Düsseldorf
Telefon: (0211) 36 83-0

DGB-Landesbezirk Rheinland-Pfalz
Kaiserstraße 26
55116 Mainz
Telefon: (06131) 28 16-0

DGB-Landesbezirk Saar
Fritz-Dobisch-Straße 5
66111 Saarbrücken
Telefon: (0681) 4 00 01-0

DGB-Landesbezirk Sachsen
Schützenplatz 14
01067 Dresden
Telefon: (0351) 86 33-0

DGB-Landesbezirk Sachsen-Anhalt
Lennéstraße 13
39112 Magdeburg
Telefon: (0391) 6 25 03-0

DGB-Landesbezirk Thüringen
Warsbergstraße 1
99092 Erfurt

Berufsverbände

Arbeitsgemeinschaft der Verbände des höheren Dienstes
Rheinallee 18
53173 Bonn
Telefon: (0228) 36 40 02

Berufsverband der Datenschutzbeauftragten Deutschlands
Ehinger Straße 11
89077 Ulm
Telefon: (0731) 6 02 62 65

Bundesarchitektenkammer
Adenauerallee 232
53113 Bonn
Telefon: (0228) 97 08 20

Bundesärztekammer
Robert-Koch-Platz 7
10115 Berlin
Telefon: (030) 30 88 98-40

Bundesnotarkammer
Burgmauer 53
50667 Köln
Telefon: (0221) 25 68 23

Bundesverband Bildender Künstler
Weberstraße 61
53113 Bonn
Telefon: (0228) 21 61 07

Bundesverband Deutscher Unternehmensberater
Friedrich-Wilhelm-Straße 2
53113 Bonn
Telefon: (0228) 91 61-0

Bundesverband der Freien Berufe
Reinhardtstraße 34
12103 Berlin
Telefon: (030) 28 44 44-0

Bundesverband öffentlich bestellter und vereidigter Sachverständiger
Godesberger Allee 54
53175 Bonn
Telefon: (0228) 37 87 06

Bundesverband der Steuerberater
Ludwigstraße 2
50667 Köln
Telefon: (0221) 9 25 36 37

Bundesvereinigung Deutscher Apothekerverbände
Carl-Mannich-Straße 26
65760 Eschborn
Telefon: (06196) 9 28-0

Bundeszahnärztekammer
Universitätsstraße 71
50931 Köln
Telefon: (0221) 4 06 92 96

Deutscher Beamtenbund
Peter-Hensen-Straße 5–7
53175 Bonn
Telefon: (0228) 8 11-0

Deutscher Journalisten Verband
Bennauerstraße 60
53115 Bonn
Telefon: (0228) 2 01 72-0

Deutscher Lehrerverband
Burbacher Weg 8
13583 Berlin
Telefon: (0228) 21 12 12

Deutscher Richterbund
Kronenstraße 73–74
10117 Berlin
Telefon: (030) 20 61 25-0

Fachverband Deutscher Heilpraktiker
Maarweg 10
53123 Bonn
Telefon: (0228) 61 10 49

Gemeinschaft Fachärztlicher Berufsverbände
Maximilianplatz 12
80333 München
Telefon: (089) 29 04 99-0

Union Freier Berufe
Edelsbergstraße 8
80686 München
Telefon: (089) 5 70 07-0

Verband Deutscher Akademiker für Ernährung, Landwirtschaft und Landespflege
Godesberger Allee 142–148
53175 Bonn
Telefon: (0228) 37 67 11

Verkehrsgewerkschaft
Westendstraße 52
60325 Frankfurt/Main
Telefon: (069) 71 40 01-0

Wirtschaftsprüferkammer
Tersteegenstraße 14
40474 Düsseldorf
Telefon: (0211) 45 61-0

Zentralverband der Ingenieursvereine
Wachsbleiche 26
53111 Bonn
Telefon: (0228) 69 56 56

Arbeitsämter

Bundesanstalt für Arbeit
Regensburger Straße 104
90478 Nürnberg
Telefon: (0911) 1 79-0

Landesarbeitsämter

Landesarbeitsamt Baden-Württemberg
Hölderlinstraße 36
70174 Stuttgart
Telefon: (0711) 9 41-0

Landesarbeitsamt Bayern
Regensburger Straße 100
90478 Nürnberg
Telefon: (0911) 1 79-0

Landesarbeitsamt Berlin-Brandenburg
Friedrichstraße 34
10969 Berlin
Telefon: (030) 25 32-0

Landesarbeitsamt Hessen
Saonestraße 2–4
60528 Frankfurt/Main
Telefon: (069) 66 70-0

Landesarbeitsamt Niedersachsen-Bremen
Altenbekener Damm 82
30173 Hannover
Telefon: (0511) 98 85-0

Landesarbeitsamt Nord
Projensdorfer Straße 82
24106 Kiel
Telefon: (0431) 33 95-0

Landesarbeitsamt Nordrhein-Westfalen
Josef-Gockeln-Straße 7
40474 Düsseldorf
Telefon: (0211) 43 06-0

Landesarbeitsamt Rheinland-Pfalz
Eschberger Weg 68
66121 Saarbrücken
Telefon: (0681) 8 49-0

Landesarbeitsamt Sachsen
Paracelsusstraße 12
09114 Chemnitz
Telefon: (0371) 91 18-0

Landesarbeitsamt Sachsen-Anhalt/Thüringen
Merseburger Straße 196
06110 Halle
Telefon: (0345) 50 04-0

Behörden und Ministerien

Bundesministerium für Arbeit und Sozialordnung
10117 Berlin
Telefon: (08 00) 15 15 15-0
www.bma.de

Bundesministerium der Finanzen
10107 Berlin
Telefon: (030) 22 42 0
www.bundesfinanzministerium.de

Bundesanstalt für Arbeit
90478 Nürnberg
Telefon: (0911) 1 79-0
www.arbeitsamt.de

Verband Deutscher Rentenversicherungsträger
60322 Frankfurt am Main
Telefon: (069) 15 22-0
www.vdr.de

Bundesaufsichtsamt für das Versicherungswesen
53117 Bonn
Telefon: (0228) 4 22-80
www.bav.bund.de

Verbände und Organisationen

Deutscher Anwaltverein
53113 Bonn
Telefon: (0228) 26 97-0
www.anwaltverein.de

Bundesverband deutscher Banken
10178 Berlin
Telefon: (030) 16 63-0
www.bdb.de

Verband der Privaten Bausparkassen
10785 Berlin
Telefon: (030) 59 00 91-5 00
www.bausparkassen.de

Zentralverband der Deutschen Haus-, Wohnungs- und Grundeigentümer
40474 Düsseldorf
Telefon: (0211) 4 78 17 0
www.haus-und-grund.net

Bundesverband Deutscher Investment-Gesellschaften
60318 Frankfurt am Main
Telefon: (069) 15 40 90-0
www.bvi.de

Verband Deutscher Makler für Grundbesitz, Hausverwaltung und Finanzierungen e. V.
13627 Berlin
Telefon: (030) 38 30 25 28
www.vdm.de

Ring Deutscher Makler
20095 Hamburg
Telefon: (040) 32 56 48-0
www.rdm.de

Deutscher Sparkassen- und Giroverband
10117 Berlin
Telefon: (030) 20 22 50
www.dsgv.de

Bundesverband der Versicherungsberater e. V.
50674 Köln
Telefon: (01805) 25 75 89
www.bvvb.de

Gesamtverband der deutschen Versicherungswirtschaft e. V.
10117 Berlin
Telefon: (030) 20 20-50 00
www.gdv.de

Bund der Versicherten e. V.
24547 Henstedt-Ulzburg
Telefon: (04193) 94-2 22
www.bundderversicherten.de

Bundesverband der Deutschen Volksbanken und Raiffeisenbanken
53113 Bonn
Telefon: (0228) 5 09-0
www.vrnet.de

Banken

Berliner Bank
10623 Berlin
Telefon: (030) 31 09-0
www.berliner-bank.de

Berliner Sparkasse
10889 Berlin
Telefon: (030) 8 69-8 01
www.berliner-sparkasse.de

Berlin Hyp
10787 Berlin
Telefon: (030) 25 99 90
www.berlinhyp.de

Citibank Privatkunden
40213 Düsseldorf
Telefon: (01803) 3 22-1 11
www.citibank.de

Commerzbank
60261 Frankfurt am Main
Telefon: (069) 1 36-20
www.commerzbank.de

DePfa Deutsche Pfandbrief Bank
65189 Wiesbaden
Telefon: (0611) 3 48-0
www.depfa-bank.de

Deutsche Bank 24
60262 Frankfurt am Main
Telefon: (069) 9 10-00
www.deutsche-bank.de

DG Bank
60325 Frankfurt am Main
Telefon: (069) 74 47-01
www.dgbank.de

DG Hyp
20095 Hamburg
Telefon: (040) 33 34-0
www.dghyp.de

Dresdner Bank
60329 Frankfurt am Main
Telefon: (069) 2 63-0
www.dresdner-bank.de

Bayerische Hypo- und Vereinsbank
80311 München
Telefon: (089) 3 78-0
www.hypovereinsbank.de

Postbank
53113 Bonn
Telefon: (0228) 9 20-0
www.postbank.de

Westdeutsche Immobilienbank
48143 Münster
Telefon: (0251) 4 12 05
www.immobilienbank.de

Direktbanken und Discountbroker

Advance Bank
Telefon: (01803) 33 00-00
www.advance-bank.de

Allgemeine Deutsche Direktbank AG
Telefon: (01802) 34 22 24
www.direktbank.de

Allianz Vermögens-Bank
Telefon: (0821) 50 15-0
www.allianz-bank.de

American Express Bank
Telefon: (069) 97 97-44 44
www.amexbank.de

BMW Bank
Telefon: (01803) 2 52 58-0
www.bmwbank.de

Brokerage 24
Telefon: (01803) 24 00 00
www.brokerage24.de

Comdirect Bank
Telefon: (01803) 44 45
www.comdirect.de

ConSors
Telefon: (01803) 25 25 11
www.consors.de

Demir-Halk-Bank
Telefon: (01802) 21 11 11

Direkt Anlage Bank
Telefon: (01802) 25 45 00
www.diraba.de

Entrium
Telefon: (0800) 8 00 20 30
www.entrium.de

Fimatex
Telefon: (069) 71 07-5 00
www.fimatex.de

Finansbank
Telefon: (01802) 28 82 22
www.finansbank.de.

Discount Depot
Telefon: (030) 86 98 69 50
www.lbb.de

NetBank
Telefon: (0821) 5 01 50
www.netbank.de

Oyak Anker Bank
Telefon: (0261) 91 23-0

Santander Direkt Bank
Telefon: (01803) 50 00
www.santander.de

1822 direkt
Telefon: (01803) 24 18 22
www.1822direkt.com

Volkswagen Bank direct
Telefon: (01803) 22 42 20
www.vw-bankdirect.de

Fondsgesellschaften

ABN AMRO Asset Management
60486 Frankfurt am Main
Telefon: (069) 26 90 07-34
www.abnamro.com

Activest Investmentgesellschaft
85774 Unterföhring
Telefon: (01803) 76 77 78
www.activest.de

ADIG Allgemeine Deutsche Investment-Gesellschaft
85540 Haar bei München
Telefon: (089) 4 62 68-0
www.adig.de

Allianz Kapitalanlagegesellschaft
80636 München
Telefon: (01802) 2 22-8 88
www.allianz-KAG.de

Alte Leipziger Trust Investment-Gesellschaft
61440 Oberursel
Telefon: (06171) 66-67
www.alte-leipziger-trust.de

AM Generali Invest Kapitalanlagegesellschaft
50670 Köln
Telefon: (0221) 1 63 64 04
www.amg-invest.de

AXA Investment Managers Deutschland
50667 Köln
Telefon: (0221) 1 48-1 58 00
www.axa-im.com

Bankgesellschaft Berlin Investment
10719 Berlin
Telefon: (030) 24 56 45-00
www.bb-invest.de

BNP Paribas Invest
60323 Frankfurt am Main
Telefon: (069) 71 93 63-51

Credit Suisse Asset Management
60308 Frankfurt am Main
Telefon: (069) 75 38-18 00
www.csam.de

DEGI Deutsche Gesellschaft für Immobilienfonds
60325 Frankfurt am Main
Telefon: (069) 2 63-1 20 00
www.degi.de

Deka Deutsche Kapitalanlagegesellschaft
60325 Frankfurt am Main
Telefon: (069) 71 47-0
www.deka.de

Deutsche Grundbesitz-Investmentgesellschaft
60262 Eschborn
Telefon: (069) 7 17 04-8 41
www.grundbesitz-invest.de

Deutsche Immobilienfonds AG
20355 Hamburg
Telefon: (040) 3 49 19-0
www.difa.de

Deutsche Postbank Privat Investment Kapitalanlagegesellschaft
53175 Bonn
Telefon: (0228) 92 05 88-00
www.postbank.de

DIT Deutscher Investment-Trust Gesellschaft für Wertpapieranlagen
60329 Frankfurt am Main
Telefon: (069) 2 63 14-0
www.dit.de

DWS Investment
60323 Frankfurt am Main
Telefon: (069) 7 19 09-0
www.dws.de

Fidelity Investment Services
60325 Frankfurt
Telefon: (0800) 1 815-1 22
www.fidelity.de

Fleming
siehe J. P. Morgan Investment

Franken-Invest Kapitalanlagegesellschaft
90402 Nürnberg
Telefon: (0911) 21 44 11-00
www.franken-invest.de

Frankfurt-Trust Investment-Gesellschaft
60323 Frankfurt am Main
Telefon: (069) 9 20 50-0
www.frankfurt-trust.de

Franklin Templeton Investment
60329 Frankfurt
Telefon: (0800) 0 73 80 01
www.franklintempleton.de

GAM Global Asset Management
Telefon: (0800) 42 63 86 30
www.gamfonds.com

Gartmore Investment Services
60323 Frankfurt am Main
Telefon: (069) 71 40 05-0
www.gartmore.com

Gerling Investment Kapitalanlage-gesellschaft
50672 Köln
Telefon: (0221) 1 44-30 00
www.gerling.de

Hansainvest Hanseatische Invest-ment
20095 Hamburg
Telefon: (040) 3 00 57-0
www.hansainvest.de

Internationales Immobilien-Institut
80636 München
Telefon: (089) 1 21 73-0
www.iii-Fonds.de

Invesco Kapitalanlagegesellschaft
60313 Frankfurt am Main
Telefon: (069) 2 98 07-2 50
www.invesco.de

J. P. Morgan Investment
60322 Frankfurt am Main
Telefon: (069) 71 24-10
www.jpmorgan.com

Julius Bär Kapitalanlagegesellschaft
60327 Frankfurt am Main
Telefon: (069) 9 07 43-5 00
www.juliusbaer.com

Maintrust Kapitalanlagegesellschaft
60487 Frankfurt am Main
Telefon: (069) 15 30 93-02
www.maintrust.de

Merrill Lynch Investment
60311 Frankfurt am Main
Telefon: (069) 58 99-20 00
www.mlim.de

Metzler Investment
60311 Frankfurt am Main
Telefon: (01802) 21 04 44
www.metzler.com

Nordinvest Norddeutsche Invest-ment-Gesellschaft
20457 Hamburg
Telefon: (040) 37 47 73-1 00
www.nordinvest.de

Oppenheim Kapitalanlagegesell-schaft
50667 Köln
Hermann Alexander Schindler
Telefon: (0221) 1 45-03
www.oppenheim.de/fonds

Pioneer
80331 München
Telefon: (0800) 0 82 08 68
www.pioneerfonds.de

SEB Invest
60437 Frankfurt am Main
Telefon: (069) 9 50 23-0
www.seb-invest.de

Swiss Life KAG
80802 München
Telefon: (089) 3 81 09-8 40
www.sl-am.ch

SüdKA SüdKapitalanalagegesell-schaft
60313 Frankfurt am Main
Telefon: (069) 29 97 51-0
www.suedka.de

Threadneedle Investments
60313 Frankfurt am Main
Telefon: (0800) 1 82 25 49
www.threadneedle.de

UBS Invest
60313 Frankfurt am Main
Telefon: (069) 13 69-50 00
www.ubs.com/deutschlandfonds

Union-Investment-Gesellschaft
60329 Frankfurt am Main
Telefon: (069) 25 67-0
www.union-investment.de

Universal Investment-Gesellschaft
60323 Frankfurt am Main
Telefon: (069) 7 56 91-0
www.universal-investment.de

Veritas SG Investment Trust
60325 Frankfurt am Main
Telefon: (069) 97 57 43-0
www.veritassg.de

Warburg Invest
60323 Frankfurt am Main
Telefon: (01802) 11 61 16
www.mm.warburg.com

WestInvest Gesellschaft für Investmentfonds
40476 Düsseldorf
Telefon: (0211) 5 17 98-0
www.westinvest.de

WestLB Asset Management Kapitalanlagegesellschaft
40217 Düsseldorf
Telefon: (0211) 8 26-48 81

Zürich Investmentgesellschaft
60252 Frankfurt am Main
Telefon: (069) 71 15 29-00
www.zuerich-invest.de

Versicherungen

Aachener und Münchener Lebensversicherung AG
52066 Aachen
Telefon: (0241) 60 01-01
www.am-leben.de

Allianz Lebensversicherungs-AG
70178 Stuttgart
Telefon: (0711) 6 63-0
www.allianz.de

DBV-Winterthur Leben
65178 Wiesbaden
Telefon: (0611) 3 63-0
www.winterthur.de

Debeka Leben
Telefon: (0261) 4 98-0
56058 Koblenz
www.debeka.de

Hamburg Mannheimer Lebensversicherung
22297 Hamburg
Telefon: (01803) 33-44 44
www.hamburg-mannheimer.de

Iduna Vereinigte Lebensversicherung
20354 Hamburg
Telefon: (040) 41 24-0
www.signal-iduna.de

Nürnberger Leben
90334 Nürnberg
Telefon: (0911) 5 31-0
www.nuernberger.de

R+V Lebensversicherungs AG
65193 Wiesbaden
Telefon: (0611) 5 33-0
www.ruv.de

Victoria Lebensversicherungs-AG
40198 Düsseldorf
Telefon: (0211) 4 77-0
www.victoria.de

Volksfürsorge
20099 Hamburg
Telefon: (040) 28 65-0
www.volksfuersorge.de

Württembergische Lebensversicherung
70176 Stuttgart
Telefon: (0711) 6 62-0
www.wuerttembergische.de

Direkt-Versicherungen

Cosmos Versicherung
66121 Saarbrücken
Telefon: (0681) 9 66 66 66
www.cosmosdirekt.de

Deutsche Allgemeine Versicherung
65760 Eschborn
Telefon: (01803) 00 02 33
www.deutsche-allgemeine.de

Europa Sachversicherung
50931 Köln
Telefon: (0221) 57 37 00
www.europa.de

HDI
30024 Hannover
Telefon: (0511) 3 99 33 99
www.hdi.de

Ontos Versicherung
41460 Neuss
Telefon: (01803) 33 31 00
www.ontos.de

Patria Versicherung
50657 Köln
Telefon: (01803) 32 32 80
www.patria.de

Die Alternative
20095 Hamburg
Telefon: (040) 32 83 50
www.alternative..de

Stichwortverzeichnis